AF230004

SAINT CHRISTOPHE

Protecteur de nos aïeux,
sauvegarde actuelle des fidèles pendant les jours mauvais,
protecteur spécial contre les maladies épidémiques,
les tempêtes, les périls des séditions, la mort subite, etc.

RECUEIL DE FAITS ÉCLATANTS

sur

LA VIE, LE CULTE, LES MIRACLES DU SAINT MARTYR

avec des invocations dont la principale pour les temps présents

PAR

ADRIEN PELADAN

chevalier de Saint-Sylvestre, de l'académie des Arcades, etc.,
HONORÉ DE PLUSIEURS BREFS DE S. S. PIE IX

Nouvelle édition très-augmentée
avec une notice sur les quatorze saints auxiliateurs.

PRIX : 1 fr. 50 cent.
avec la photographie du Saint reproduisant une ancienne gravure

NIMES
CHEZ L'AUTEUR
rue de la Vierge, 10
1880

SAINT CHRISTOPHE

Protecteur de nos aïeux,
sauvegarde actuelle des fidèles pendant les jours mauvais,
protecteur spécial contre les maladies épidémiques,
les tempêtes, les périls des séditions, la mort subite, etc.

RECUEIL DE FAITS ÉCLATANTS

sur

VIE, LE CULTE, LES MIRACLES DU SAINT MARTYR

avec des invocations dont la principale pour les temps présents

PAR

ADRIEN PELADAN

chevalier de Saint-Sylvestre, de l'académie des Arcades, etc.,
HONORÉ DE PLUSIEURS BREFS DE S. S. PIE IX

—

Nouvelle édition très-augmentée
avec une notice sur les quatorze saints auxiliateurs.

—

PRIX : 1 fr. 50 cent.
avec la photographie du Saint reproduisant une ancienne gravure

NIMES
CHEZ L'AUTEUR
rue de la Vierge, 10
1880

—

Nota. — Tout vigilant chrétien devrait faire son *vade-mecum* de notre photographie de saint Christophe, avec l'invocation au verso, se rappelant cet adage célèbre de nos pères : *Regarde saint Christophe, puis va-t-en rassuré.* Les prédictions de Notre-Seigneur et de la Sainte Vierge sur les maux qui nous menacent sont une sollicitation pressante à cet effet.

Photographie de saint Christophe, format carte.　0 fr. 50
La douzaine ....　5　　»

La photographie de S. Raphaël guérissant S. Roch, avec invocation, même format, même prix. On peut demander la douzaine moitié-moitié. S. Raphaël préside aux guérisons de l'âme et à celles du corps. Il est l'ange de la théologie et de la vraie science. Il protége les familles chrétiennes, rend les voyages heureux et conduit à bonne fin les procès qui ont pour eux le bon droit, etc. — S. Roch figure sur la même photographie : il préserve des épidémies et attire l'amitié de S. Raphaël. — Invocations au verso.

On traite de gré à gré, pour l'ouvrage pris en nombre par MM. les Curés dont l'église est dédiée à S. Christophe, ou avec les personnes qui voudraient propager cet opuscule plein d'actualité et qui peut devenir une source de grâces signalées.

I. Vie de saint Christophe prise dans la Légende dorée.

Christophe était de la terre de Chanaan ; il avait une taille très-élevée, un aspect terrible, et il avait douze coudées de haut. Et on lit dans une histoire de sa vie, que lorsqu'il était auprès d'un roi du pays de Chanaan, il lui vint dans l'esprit d'aller servir le plus grand Roi que la renommée disait n'avoir aucun supérieur sur cette terre. Ce Roi, le voyant, l'accueillit avec joie et le fit demeurer à sa cour. Un jour, un jongleur vint chanter devant le Roi une chanson où il parlait souvent du diable. Et le Roi, qui était chrétien, toutes les fois qu'il entendait nommer le diable, faisait sur sa figure le signe de la croix : ce que voyant Christophe, il s'en étonna fort, et il lui en demanda la raison. Et le roi ne voulut pas la lui dire. Christophe lui dit : « Si vous ne voulez pas me répondre, je ne resterai pas plus longtemps avec vous. »

Et le Roi, ainsi contraint, lui répondit : « Toutes les fois que j'entends nommer le diable, je me munis ainsi du signe de la Croix, de peur qu'il ne me réduise en son pouvoir et qu'il ne me nuise. » Et Christophe répliqua : « Si vous craignez le diable et si vous prévoyez qu'il peut vous nuire, cela prouve qu'il est plus fort que vous. Je suis donc trompé dans mon attente, moi qui pensais avoir trouvé le Prince le plus puissant qu'il y ait au monde ; mais je veux aller trouver ce diable pour me mettre à son service et le reconnaître pour mon maître. » Et il prit congé de ce Roi, et il se mit en quête du diable. Et comme il traversait un désert, il vit une grande foule de soldats, et à leur tête marchait un homme d'un air effroyable, qui lui demanda où il allait. Et Christophe lui répondit : « Je vais chercher le diable, afin de le reconnaître pour mon maître. » Et celui-ci lui répliqua : « Je suis celui que tu cherches. » Et Christophe, fort content, s'engagea au service perpétuel du diable et le reconnut pour son maître. Et tous deux s'étant remis en route, ils rencontrèrent dans un carrefour une croix ; et aussitôt que le diable la vit, il prit la fuite, et il fit un grand détour à travers un pays très-difficile, avant de revenir sur la grande route. Et Christophe qui l'avait suivi fut plein de surprise, et il lui demanda pourquoi il s'était écarté du droit chemin ; et, le diable ne voulant pas répondre, Christophe dit : « Si tu ne veux pas me dire ce que je te demande, je vais te quitter. » Et alors le diable lui dit : « C'est sur cette croix qu'est mort Jésus-Christ, et quand je la vois, je suis saisi de crainte et je prends la fuite. » Et Christophe lui répondit : « Ce Jésus-Christ, dont la croix te cause tant de frayeur, est donc plus puissant que toi. J'ai donc travaillé en vain jusqu'ici, et je n'ai point encore trouvé le plus grand prince qu'il y ait au monde. Je vais te quitter et me mettre à la recherche de Jésus-Christ. »

Et après avoir longtemps cherché quelqu'un qui lui indiquât Jésus-Christ, il trouva enfin un ermite qui l'instruisit diligemment dans la foi. Et l'ermite lui dit : « Ce roi dont tu recherches le service t'imposera des obligations qui te forceront à observer le jeûne. » Christophe répliqua : « Qu'il me commande donc autre chose, car c'est ce que je ne veux point faire. » Et l'ermite ajouta : « Il voudra aussi que tu te livres à de fréquentes oraisons. » Et Christophe répliqua : « Je ne sais ce que c'est, et je ne veux point être assujetti à un semblable service. » Et l'ermite lui dit : « Ne connais-tu pas tel fleuve où périssent beaucoup de ceux qui essaient de le passer ? »

Et Christophe dit : « Je le connais. » Et l'ermite lui dit : « Comme tu es grand de taille et robuste, si tu te tenais près du bord de ce fleuve, et si tu passais les voyageurs, tu ferais une chose fort agréable à Jésus-Christ que tu désires servir, et j'espère qu'il se manifestera à toi. » Et Christophe lui répondit: « Voilà un service auquel je puis me consacrer, et je te promets de faire ce que tu me dis là. » Il alla donc près de ce fleuve, et il s'y construisit une demeure, et il se mit à passer sans relâche tous les voyageurs, s'étant muni d'un bâton avec lequel il se soutenait dans l'eau. Et bien des jours s'étant passés, comme il était à se reposer dans sa demeure, il entendit comme la voix d'un enfant qui l'appelait et qui disait : « Christophe, viens dehors et passe-moi. » Et Christophe sortit, mais il ne trouva personne ; et, rentrant dans sa demeure, il lui arriva la même chose une seconde fois. Appelé une troisième fois, il trouva un enfant au bord de l'eau, qui pria Christophe de lui faire passer la rivière. Et Christophe, ayant mis l'enfant sur ses épaules et s'étant muni de son bâton, entra dans l'eau. Et l'eau s'éleva peu à peu, et l'enfant pesait sur les épaules de Christophe d'une manière excessive et son poids augmentait toujours, de sorte que Christophe commença à avoir peur. Et quand enfin il eut passé la rivière et qu'il eut déposé l'enfant sur la rive, il lui dit : « Tu m'as mis dans un grand péril, enfant, et tu m'as surchargé d'un si grand poids, qu'il me semblait que si j'avais le monde entier sur mes épaules, je n'aurais pas eu un plus lourd fardeau. » Et l'enfant répondit : « Ne t'en étonne pas, Christophe, car non-seulement tu as eu sur tes épaules le monde entier, mais encore celui qui a créé le monde ; car je suis le Christ, celui pour lequel tu accomplis l'œuvre que tu as entreprise ; et afin que je te donne un témoignage de ma parole, plante ton bâton dans le sable, et demain tu verras qu'il s'est couvert de feuilles et de fleurs. » Et aussitôt il disparut. Christophe enfonça son bâton dans le sable, et le lendemain il le vit fleurir comme un palmier et couvert de dattes.

Il vint ensuite à Samos, ville de la Syrie ; et comme il ne parlait pas la langue du pays, il pria Dieu de lui faire la grâce de la parler. Et, comme il était en prière, les juges du lieu, le prenant pour un insensé, le laissèrent. Et Christophe vint à l'endroit où l'on tourmentait les chrétiens, et il les exhorta à avoir du courage. Et un des juges le frappa à la figure. Christophe dit : « Si je n'étais pas chrétien, je tirerais prompte vengeance de cet outrage. » Et il enfonça son bâton en terre et il pria Dieu qu'il fleurît, afin de convertir le peuple. Et cela arriva tout de suite, et à la vue de ce miracle huit mille hommes se convertirent. Et le roi envoya deux cents soldats, avec ordre qu'on lui amenât Christophe. Et ceux-ci l'ayant trouvé en prière, craignirent de le saisir, et le roi en envoya encore autant. Et l'ayant aussi trouvé en prière, ils prièrent avec lui. Et Christophe se levant leur dit : « Qui cherchez-vous ? » Et ils répondirent : « Le roi nous a envoyés pour que nous t'amenions à lui garotté. » Et Christophe répliqua : « Si je ne le voulais pas, vous ne seriez jamais maîtres de moi. » Et ils dirent : Si tu ne le veux pas, va-t'en en liberté où tu voudras, et nous dirons au roi que nous ne t'avons pas trouvé. — Non, leur répliqua-t-il ; j'irai avec vous. Et il les convertit à la foi, et il leur dit de lui lier les mains derrière le dos, et il se fit mener au roi. Quand le roi le vit, il fut épouvanté, et il tomba de dessus son trône. Ses esclaves le relevèrent, et il interrogea Christophe, lui demandant son nom et sa patrie. Le saint lui répondit : « Avant que je fusse baptisé, on m'appelait Réprouvé ; maintenant je me nomme Christophe. » Et le roi répondit : « Tu t'es donné un sot nom, en prenant celui du Christ qui a été crucifié, et qui n'a rien pu ni pour lui ni pour toi.

Méchant Chananéen , pourquoi ne sacrifies-tu pas à nos dieux? » Et Christophe répliqua : C'est avec raison qu'on t'appelle Dagnon ; tu es la mort du monde et le compagnon du diable. Tes dieux sont l'ouvrage de la main des hommes. » Le roi lui répartit : « Tu as été nourri au milieu des bêtes sauvages, et tu ne saurais dire que des choses inouïes pour les oreilles des hommes. Si tu veux sacrifier, tu peux attendre de moi de grands honneurs ; sinon, ne t'attends qu'à des supplices. » Et, sur le refus du saint, il le fit mettre en prison, et il fit couper la tête aux soldats qui avaient été envoyés pour arrêter Christophe. Il fit ensuite enfermer dans la même prison deux filles très-belles, dont l'une s'appelait Nicée et l'autre Aquilina, leur promettant de grandes récompenses si elles induisaient Christophe au péché. Et quand le saint les vit, il se mit aussitôt en oraison ; et comme elles venaient le cajoler et le caresser, il leur dit : « Que voulez-vous, et pourquoi avez-vous été introduites ici ? » Elles, effrayées de l'éclat de son visage, dirent : « Ayez pitié de nous, serviteur de Dieu, et nous croirons au Dieu que vous prêchez. » Le roi, instrui de cela, les fit venir et leur dit : « Vous avez été séduites, mais je jure que si vous ne sacrifiez aux dieux, vous périrez dans les tourments. » Elles répondirent : « Si tu veux que nous sacrifions, ordonne que le peuple entier se réunisse au temple. » Et quand ce fut fait, elles passèrent leur ceinture autour du cou des idoles et les firent tomber par terre et se briser, et elles dirent aux assistants : « Allez, et appelez des médecins, afin qu'ils guérissent vos dieux.» Alors le roi fit attacher Aquilina, et lui fit briser tous les os avec une grosse pierre ; et quand elle eut rendu son âme au Seigneur, sa sœur Nicée fut jetée dans un grand feu, dont elle sortit sans aucun mal, et alors elle fut décapitée. Ensuite le roi ordonna de battre Christophe de verges et de lui poser sur la tête un casque de fer rougi au feu. Il fit ensuite attacher Christophe sur un siége de fer ardent ; mais le siége fondit comme s'il eût été de cire, et Christophe n'en éprouva aucun mal. Alors le roi ordonna qu'il fût lié à un poteau, et il commanda à quatre cents soldats de le percer de leurs flèches ; mais les flèches restaient en l'air et aucune ne put le toucher. Et le roi, croyant qu'il était percé, se mit à le railler, et aussitôt une des flèches vint et lui creva l'œil. Et Christophe dit : « Ma carrière est presque finie ; demain, tyran, délaie de la terre avec mon sang et mets-la sur ton œil, et tu en recouvreras l'usage. » Le roi ordonna alors de lui trancher la tête ; ce qui fut fait. Et prenant du sang de Christophe, il le délaya avec de la terre et il le mit sur son œil, et il fut sur-le-champ guéri. Alors le roi crut, et il ordonna que ceux qui blasphémeraient Dieu ou saint Christophe seraient punis de mort.

II. — Légende de S. Christophe d'après les Bollandistes.

« Au nom de Jésus-Christ ! — En ce temps-là, sous le règne de Dagnon, vint en Lycie, dans la ville de Samos, un homme de la race des Chananéens. Le Seigneur se montra à lui pour qu'il fût baptisé du baptême que Jésus-Christ avait institué. Le Saint étant en prière à la porte de la ville, une femme en sortit pour aller sacrifier aux idoles ; mais elle frémit à sa vue et rentra promptement dans la cité en criant : « Venez voir » une merveille que personne de vous n'a encore contemplée : » un homme avec une tête de chien. » La foule accourt et voit le Saint agenouillé devant l'église ; il disait dans sa prière : « Seigneur Dieu, accordez-moi la grâce qu'ils croient par moi

» en votre saint nom. » Plantant en terre la verge de fer qu'il tenait à la main, il dit à haute voix : « Seigneur, mon Dieu, » faites que ma verge fleurisse, qu'elle porte des fleurs et des » rameaux fructueux, de même que vous avez changé l'eau en » vin aux noces de Cana, en Galilée ». A la vue de ce miracle, plusieurs crurent à sa doctrine et reçurent le baptême. Le roi Dagnon, l'ayant appris, envoya deux cents soldats pour saisir ce chrétien audacieux. A la vue du géant ils craignirent d'approcher de lui et s'en retournèrent. Dagnon en envoya deux cents autres. Ceux-ci avancent, et le voyant immobile en oraison se mirent à invoquer Dieu avec lui ; leurs prières finies, ils font connaître au saint les ordres qu'ils avaient reçus. « Le roi Dagnon désire te voir , lui dirent-ils. — Si c'est sa volonté, répondit Christophe, j'irai, parce que je le veux ; car si ce n'était pas ma volonté, je n'irais pas ; cependant j'irai ». Le voilà en la présence de Dagnon. Au premier abord, le roi, effrayé de sa haute taille et de son aspect terrible, tombe de son tribunal (*de consistorio*) la face contre terre. Mais s'étant aussitôt relevé, il remonte sur son siége et commence par interroger le saint. « Qui es-tu ? D'où viens-tu ? Quel est ton nom ? lui demanda-t-il. — Dès ma naissance , répondit Christophe , je fus nommé Réprouvé (*Reprobus*) ; depuis mon baptême, je m'appelle Christophe. — Chien, mauvais conducteur (*canine et fax mala*), vociféra Dagnon, sacrifie aux dieux immortels ». Le saint confesseur refuse. « Tu es justement appelé Dagnon , car tu fais partie de la mort, étant lié au diable ton père (*quia tu autem et pars mortis et conjux patris tui diaboli*). Les dieux auxquels tu me dis de sacrifier sont de vains simulacres ; ils ont des oreilles, et n'entendent pas ; des yeux et ne voient pas. Ils sont incapables d'aider ceux qui les prient. Ces dieux n'ont pas fait le ciel et la terre, aussi sont-ils périssables ; et toi, qui les adores comme un insensé, tu périras avec eux. Plût au ciel que tu m'écoutes et que tu adores le Dieu qui a fait toute chose, parce qu'il peut te délivrer de la damnation éternelle et te remettre les péchés ». Au lieu d'écouter ces exhortations, ce roi justement nommé insensé disait dans son âme : « Comment pourrai-je vaincre la constance de cet homme nourri dès son enfance parmi les bêtes féroces, si je n'invente pas de cruels tourments ».

Pendant qu'il cherchait un nouveau genre de supplice, plusieurs soldats se présentèrent devant lui, et, jetant bas les armes, déclarèrent croire eux aussi au Dieu de Christophe. Le roi tâche de les détourner de ce dessein en leur faisant de brillantes promesses. Ces offres séduisantes ne les tentent pas : « Que ton argent et ton or périssent avec toi; nous avons été tous baptisés et nous croyons à la sainte Trinité. » Le roi, enflammé de colère, les fit décapiter. Ainsi ils reçurent, grâce à Christophe, la palme du martyre. Le roi, de plus en plus irrité de voir que malgré les supplices le peuple embrassait la religion de Jésus-Christ; que cette vue au contraire les excitait à demander le baptême; tourna sa rage contre saint Christophe. Mais avant de sévir, il voulut essayer une dernière fois de le réduire par ses flatteries et ses caresses. Obligé de s'avouer vaincu, il traite le Saint de fou et d'insensé, et décharge sur lui toute sa colère et sa haine. Il le fit battre de verges, lui fit mettre sur la tête un casque de fer chauffé à blanc; le feu, l'huile bouillante, les flèches sont inutilement employés pour ébranler sa constance. Christophe, tranquille au milieu des supplices, raillait la faiblesse des bourreaux et les défiait d'inventer une douleur plus forte que lui. Au milieu de ses angoisses, Dagnon ne cessait de l'injurier, et le Saint se contentait de lui répondre : « Beaucoup d'autres croiront encore en Jésus-Christ par mon intercession. »

Cependant l'heure de la délivrance approchait, le valeureux athlète le comprit. Dans son agonie, il entra en oraison et adressa à Dieu cette magnifique prière : « Seigneur, mon Dieu, qui après m'avoir arraché de l'erreur m'as appris la science de la foi, accorde-moi que partout où sera mon corps, les fidèles n'aient pas à souffrir des ravages de la grêle, ni de la foudre (*ab ira flammæ*), ni de la famine, ni de la peste. Si une ville ou un lieu quelconque sont en butte aux piéges du démon qu'ils puissent en me priant être sauvés. » Se tournant alors vers le roi qui avait eu l'œil percé par une flèche pendant qu'il faisait infliger ce supplice au Saint, il lui dit : « Demain après ma mort, prends de cette boue faite par mon sang, mets-en sur l'œil et tu seras guéri. » Le roi, voyant dans ses paroles un nouveau défi, le fit décapiter. Christophe fut ainsi introduit dans la gloire de Dieu le 25 juillet, selon la tradition de l'Eglise latine, qui fixe sa fête à ce jour-là. L'Eglise grecque la met au 9 mai. Elle est inscrite dans plusieurs martyrologes au 9 avril.

III. Légende de saint Christophe d'après un poëte américain. (Longfellow.)

Un protestant des Etats-Unis, c'est-à-dire un négateur de l'art chrétien, appartenant au pays le moins poétique de la terre, n'a pourtant pu s'empêcher de manifester son admiration pour la légende de saint Christophe. Il dit lui-même que « saint *Christophe*, étant d'une stature et d'une force extraordinaires, erra longtemps par le monde avant de se convertir, cherchant le plus grand roi et ne voulant obéir qu'à lui seul. Après avoir servi différents maîtres qu'il abandonna tour à tour, parce que chacun finissait par reconnaître un maître plus grand que lui, il entendit parler du Christ, roi du ciel et de la terre, et il demanda à un saint ermite où il pourrait le trouver et comment il pourrait le servir.

« L'ermite lui dit qu'il fallait jeûner et prier ; mais le géant répliqua que s'il jeûnait il perdrait ses forces, et qu'il ne savait comment prier. Alors l'ermite lui dit de se fixer au bord d'un torrent dangereux, au passage duquel s'étaient noyés nombre de voyageurs, et de secourir tous ceux qui seraient en danger. Le géant obéit, et, ayant déraciné un palmier pour s'en servir comme de bâton, il prit son poste auprès du torrent et sauva la vie à beaucoup d'hommes.

» Et le Seigneur regarda du haut des cieux, et dit : «Voyez cet homme fort : il ne sait pas comment m'adorer, mais il a trouvé le moyen de me servir. » Et une nuit, le géant entendit la voix d'un enfant criant dans les ténèbres : « Christophe ! viens et porte-moi de l'autre côté du torrent ! »

» Et Christophe sortit de sa retraite et trouva l'enfant assis seul au bord de l'eau ; et, l'ayant pris sur ses épaules, il entra dans le courant.

» Alors le vent commença à rugir, et les flots s'élevèrent tout autour de lui, et son petit fardeau, qui d'abord lui avait semblé si léger, devint de plus en plus pesant à mesure qu'il avançait, fit ployer ses robustes épaules et mit sa vie en péril ; de sorte que, lorsqu'il eut atteint l'autre rive, le géant s'écria : « Qui donc es-tu, enfant, toi qui as pesé sur moi d'un poids tel que j'ai cru porter le monde entier sur mes épaules ? » Et le petit enfant répondit : « Tu as porté le monde entier sur tes épaules, et Celui qui créa le monde. Je suis le Christ, que tu as voulu servir par tes actes de charité. Je t'accepte, toi et tes services. Plante ton bâton dans la terre, et il fleurira et portera des fruits. » A ces mots, l'enfant disparut. »

IV. Culte de saint Christophe à Paris. Grande statue de Notre-Dame, Antoine des Essarts.

L'archéologie chrétienne se souvient que Notre-Dame de Paris a possédé jadis trois grands ex-voto : la statue de Philippe-le-Bel, le colosse de saint Christophe et le vœu de Louis XIII.

Nous allons parler du second de ces *ex-voto*, le plus étonnant et le plus gigantesque, un colosse de 28 pieds de haut, qui s'adossait comme une tour lui-même, *turris ipse*, contre le gros pilier de la tour de droite ; nos lecteurs ont déjà compris qu'il s'agit de *ce grand imaige* de saint Christophe « proverbial parmi les statues au même titre que la grand'salle du Palais parmi les salles, que la flèche de Strasbourg parmi les clochers. »

Donnons d'abord quelques notions sur ce saint éminemment secourable, éminemment populaire, dont le culte était établi dans toutes les églises d'Orient et d'Occident, et que pourtant certains critiques du dernier siècle, au dire de Moréri, regardaient comme un être idéal, un personnage imaginaire, un mythe.

On représente saint Christophe sous la figure d'un géant qui porte sur ses épaules l'enfant Jésus, et qui tient à la main un grand arbre pour bâton.

D'après une croyance généralement répandue au moyen âge, on ne pouvait mourir subitement ni par accident pendant la journée, si l'on avait *vu* une image de saint Christophe. *Christophorum videas*, disait un vers léonin passé en adage, *postea tutus eas*: Regarde saint Christophe, et puis va-t-en tranquille.

Une figure du même saint existait autrefois dans le Trésor
de la Sainte-Chapelle ; elle était d'argent, du poids de 5 marcs
1 once 2 gros, et sur le piédestal, que supportaient des lions
accroupis, on lisait ces deux vers latins rimés, exprimant la
même idée que plus haut :

Christophori sancti faciem quicumque tuetur,
Illo nempe die nullo languore tenetur.

Or, disent quelques écrivains, pour que la bienfaisante et
miraculeuse statue fût aperçue du plus loin et par le plus de
fidèles possible, on lui donnait une hauteur prodigieuse. On
la plaçait par la même raison aux porches des cathédrales ou
à l'entrée des églises, ce qui rappelle le fameux serpent d'airain,
figure biblique dans laquelle les Pères ont vu l'étendard du
Calvaire. Baillet croit de plus que notre saint avait été un
homme de grande taille : il en juge par le nombre considérable de ses reliques répandues dans toute la chrétienté. Ce qui
suit est de M. A. Eyssette :

Paris avait une église dédiée à saint Christophe ; elle était
située dans la Cité, près la rue qui en porte encore le nom.
C'était anciennement l'oratoire d'Archambaud, maire du palais
sous Clovis II. Ce grand officier de la couronne, qui, selon
Fauchet, *fut affectionné à l'endroit des ecclésiastiques et des
prêtres,* fit donation de sa chapelle à Notre-Dame. Elle fut
érigée en paroisse l'an 1390. En 1494, on entreprit de la
rebâtir ; les travaux de reconstruction durèrent seize ans. On
l'a démolie en 1747, à ce qu'il paraît, pour cause de vétusté.

Si la statue colossale dont nous avons à parler ne fut pas
érigée dans l'église de Saint-Christophe, c'est qu'elle n'y eût
pas été exposée, qu'on nous permette cette expression, sur
un assez grand théâtre ; il fallait l'immense vaisseau de Notre-
Dame pour donner à l'*ex-voto* monumental un milieu où il

fût à l'aise, où il eut ses franches coudées, un milieu en rapport avec ses vastes proportions, un milieu enfin où il trouvât, parmi cette foule incessante de clercs et de barons, de grands et de petits, de citadins et d'étrangers, qui se pressait sous les voûtes de la basilique, la publicité, la notoriété que voulait donner à l'accomplissement de son vœu messire Antoine des Essarts.

Il y a là toute une histoire.

Sous le règne de Charles VI, Jean-sans-Peur, duc de Bourgogne, chef de l'une des factions qui déchiraient la France, souleva contre la faction contraire, celle des d'Orléans, la populace de Paris. Bientôt il ne put maîtriser le mouvement vertigineux que l'Université elle-même, sa docte alliée, avait imprudemment accéléré. Le pouvoir tomba aux mains de la corporation des bouchers, qui exerça dans la ville une effroyable dictature. Force fut au duc de marcher, les pieds dans la boue et dans le sang, à la suite des *Ecorcheurs* : c'est ainsi que s'appelèrent les terroristes de 1413.

Pierre des Essarts, ex-prévôt de Paris, et son frère Antoine, chambellan du roi, avaient été enfermés dans la tour du Louvre, ainsi qu'un nombre considérable d'hommes éminents plus ou moins compromis, plus ou moins suspects. Pierre des Essarts avait à se reprocher le meurtre juridique de Jean de Montagu, surintendant des finances, après un simulacre de jugement, par une commission dont lui des Essarts était président. Mais il s'agissait bien d'autre chose ! On voyait en lui un transfuge, un traître, qui d'un camp avait passé à l'autre : que fallait-il de plus ? On l'accusait bien de malversation, mais c'était uniquement pour la forme, car le déficit qu'on lui imputait provenait d'avances faites à Jean-sans-Peur et constatées par des reçus que l'ex-prévôt déclarait avoir en lieu sûr.

Une commission composée de scélérats et de poltrons, de poltrons surtout, plus dangereux dans les crises révolutionnaires que les scélérats mêmes, avait été instituée par les bouchers, pour conserver aux assassinats une apparence de justice et de légalité. Elle était en permanence et n'acquittait personne. Pierre des Essarts ne sortit de sa prison que pour faire une halte de quelques instants devant le tribunal homicide, d'où il fut traîné sur la claie jusqu'en place de Grève ; il y reçut la mort avec une noble fermeté. Sa tête fut mise au bout d'une pique, et son corps, transporté à Montfaucon, alla rejoindre le squelette de Montagu, qui s'y balançait au souffle du vent.

Cependant les Bourguignons trouvaient que la commission n'allait pas assez vite en besogne. Une troupe de cannibales voulut inspecter les prisons : Jacqueville, l'un d'eux, ayant aperçu le chevalier de La Rivière, l'apostropha grossièrement : un démenti fut la réponse. Sur quoi, le digne *écorcheur*, sans avoir fait décréter que le chevalier était un bœuf, l'assomma d'un coup de massue. Le cadavre de La Rivière n'en fut pas moins porté en Grève le lendemain : on décapita pêle-mêle les vivants et le mort.

On peut comprendre dans quelles angoisses se trouvait Antoine des Essarts, dont le crime était d'avoir suivi les évolutions politiques de son frère, et qui n'avait pas moins à redouter de ses implacables ennemis. Il s'attendait, d'un moment à l'autre, à être égorgé dans son cachot où à comparaître devant le tribunal de sang, ce qui pour lui revenait au même. Or, une nuit, il était étendu sur son grabat, en proie à une violente agitation ; il avait compté à l'horloge une heure, puis deux, puis trois, lorsque sa tête congestionnée s'appesantit, ses paupières se fermèrent, il dormit.... ce ne fut qu'un moment, mais assez pour faire un rêve.

Il lui semblait que quelque chose d'extraordinaire se passait à la porte de sa prison. Les arcs-boutants se soulevaient, les verroux criaient, les panneaux de chêne craquaient sous un effort extérieur, puis volaient en éclats avec les serrures brisées, les gonds arrachés, les pieds-droits du mur démolis : on eût dit une effraction faite à coups de bélier. Le cachot fut inondé d'une vive lumière. Des Essarts regarde et voit se dresser devant lui le grand saint Christophe tout rayonnant de gloire ; c'était lui qui venait de forcer l'entrée, d'abattre les barrières, de tordre en se jouant les barres de fer. « Viens avec moi », lui dit alors ce libérateur imprévu ; et en même temps il le saisit dans ses bras et l'emporte à travers les longs corridors, les gardes, les sentinelles. A cet instant, des Essarts crut sentir sur son visage l'impression de l'air humide de la Seine ; il s'éveilla. Hélas ! il n'avait pas changé de place.

Le jour vint. L'infortuné était encore plongé tout entier dans ses réflexions, lorsque la porte s'ouvrit réellement. Le geôlier parut ; il venait l'avertir que son tour était arrivé, c'est-à-dire que la charrette qui devait le transporter au lieu où siégeait la commission l'attendait dans la cour du Louvre. Des Essarts partit en nombreuse compagnie ; il comparut devant les juges, balbutia pour défense quelques mots qu'on n'entendit pas, et fut absous. Quoi de surprenant ! N'avait-il pas vu le matin même la face de saint Christophe ?

La tyrannie des *écorcheurs* excita bientôt un soulèvement général de l'opinion ; les brigands se trouvèrent seuls, se comptèrent et eurent peur. L'autorité régulière reprit son empire ; les prisons furent ouvertes ; les fugitifs revinrent dans leurs foyers. Des Essarts, rentré en fonctions auprès du roi, n'oublia pas le céleste protecteur auquel il devait la vie ; et, pour témoigner sa reconnaissance par un *ex-voto* digne à

la fois et du saint et du service rendu, il fit élever dans
Notre-Dame l'énorme statue destinée à transmettre aux générations futures le souvenir d'un éclatant miracle : elle fut
mise, à ce qu'on croit, dit un auteur, à la place d'un *Mercure*,
qui avait reçu sans doute l'hospitalité dans la basilique chrétienne par une de ces méprises très-communes au moyen
âge. De plus et sous le pilier qui faisait face au colosse, on
voyait l'effigie d'un guerrier armé de toutes pièces, à genoux
et les mains jointes, avec cette inscription en caractères gothi-
ques : *C'est la représentation du noble homme Antoine des
Essarts, chevalier, jadis Seigneur de Thieux et de Glati-
gny au val de Galie, conseiller et chambellan du roi notre
sire Charles VIe de ce nom, lequel chevalier fit faire ce
grand immage en l'honneur et remembrance de Monsieur
saint Christophe, en l'an* MCCCCXIII. *Priez Dieu pour son
âme.*

Il résulterait de ces derniers termes que l'inscription fût
ajoutée après la mort de des Essarts, à moins qu'il ne l'eût
fait graver lui-même par anticipation, à la manière des anciens : *Sibi viventi posuit.*

L'abbé Velly consacre dans son *Histoire de France* quelques lignes assez curieuses à l'événement dont nous venons de
parler. Après avoir rapporté avec détail l'exécution capitale
de l'ex-prévôt : « Il s'en fallut de peu, ajoute-t-il, qu'Antoine
des Essarts n'éprouvât le même sort ; les ennemis qui avaient
fait mourir son frère étaient si puisssants, qu'il dut regarder
comme une faveur inespérée du Ciel le bonheur d'avoir con-
uré l'orage. C'est lui qui fit ériger cette statue colossale de
saint Christophe, dont l'immense volume défigure encore de
nos jours la nef de la cathédrale de Paris. A côté de ce mo-
nument gigantesque on voit la représentation du fondateur
ornée d'une inscription. Si ce fut en action de grâces de sa

délivrance, on peut juger de l'excès de sa frayeur par l'énormité de l'*ex-voto*. »

On aura sans doute remarqué dans ce passage le jugement peu favorable que porte l'écrivain sur le mérite artistique de *cette statue colossale, qui par son immense volume défigurait encore la nef de la Cathédrale.* Cela ne doit pas nous étonner. Dans les derniers siècles. l'art chrétien était complétement méconnu ; on n'estimait, on n'admirait que les œuvres de l'antiquité païenne ou de la Renaissance ; on n'avait d'encens que pour le Jupiter Olympien , l'Hercule Farnèse , l'Apollon du Belvédère. Le paganisme envahissait tout : poésie , éloquence , morale , philosophie , architecture , peinture ‚ sculpture , tout était païen ; les vases sacrés eux-mêmes se couvraient d'emblèmes mythologiques , et l'on montrait, dans le trésor de Notre-Dame, un calice qui représentait Persée délivrant Andromède du monstre marin auquel elle était exposée ; plus dans le fond, Neptune avec son trident , accompagné de Tritons et de Néréïdes !... L'on conçoit que le saint Christophe devait trouver peu d'appréciateurs ; on ne passait plus devant lui sans hausser les épaules de pitié : il déparait, il dégradait, il *défigurait*, comme dit Velly , le vaisseau de l'église. Un beau jour on le fait disparaître, lui et son pieux acolyte. Ce fut en 1786 que s'accomplit, au nom du bon goût, un acte de vandalisme qui se serait accompli sept ans plus tard au nom de la liberté.

Nous avons demandé le rétablissement de la statue équestre de Philippe-le-Bel ; nous demandons encore la *restitution* du Saint-Christophe et de son chevalier. L'*ex-voto* de 1413 faisait si bien partie intégrante de Notre-Dame, s'était si bien incorporé à l'édifice, que *pas un écrivain* n'a parlé de l'auguste basilique sans mentionner son colosse. Il n'y a pas de Notre-Dame sans saint Christophe : le saint Christophe est au pied de la tour ce que le gros bourdon est au sommet : un appendice historique, nécessaire et consubstantiel.

Ce saint éminemment secourable, éminemment populaire, dont le culte est établi dans toutes les églises d'Orient et d'Occident, mérite que nous rallumions la dévotion en son honneur, si nous voulons échapper aux calamités qui nous menacent tous et aux malheurs que nous avons à redouter individuellement. Pourquoi, imitant la ferveur des anciens chrétiens n'honorerions-nous pas d'un regard fervent, chaque matin, une image de saint Christophe, pour obtenir de précieuses garanties de salut temporel ? N'est-ce pas beaucoup gagner avec un regard ?

V. Culte de S. Christophe dans nos provinces.

Il n'est pas une de nos anciennes provinces qui ne puisse offrir à l'archéologue chrétien des traces du culte, autrefois si populaire, de saint Christophe.

Millin a commis une erreur assez grave et qui prouve qu'*il faut voir avant de parler des monuments*. Cette erreur consiste à prétendre que toutes les statues de saint Christophe, qui se trouvaient autrefois à l'extérieur ou à l'intérieur de nos églises, auraient été détruites à l'époque de la Révolution.

Heureusement le vandalisme n'a pas été poussé si loin, et la Picardie suffit pour le prouver.

Tout le monde connaît le miracle en mémoire duquel les peintres et les sculpteurs ont coutume de représenter saint Christophe portant le Christ enfant sur ses larges épaules, et semblant ne marcher qu'avec peine, quoiqu'il ait pour s'appuyer un long bâton ou plus souvent *un arbre garni de tous ses rameaux*, pour rappeler que ce bâton, fiché dans le sable après l'apparition de l'Enfant Jésus, fut trouvé le lendemain fleuri comme un palmier et couvert de dattes. On assure qu'un saint Christophe avait été peint en grisaille sur le mur du transept gauche de la cathédrale d'Amiens. Il est regrettable que cette peinture ait été effacée dans le siècle dernier, lors des prétendus embellissements qu'on fit subir, sous M. de Lamotte, à cette magnifique basilique.

La cathédrale d'Amiens a conservé deux statues du grand saint Christophe : l'une, de près de quatre mètres de hauteur, se voit à droite du portail dit de *Saint-Christophe ;* et l'autre, de moindre hauteur, orne encore actuellement l'autel de la chapelle sous l'invocation de ce saint.

Dans l'église de l'ancienne abbaye de Saint-Riquier, tout près de l'orgue, existe également une statue de saint Christophe, très-bien conservée. On voit encore les restes d'une autre statue fort reconnaissable du même saint, à droite du portail de la jolie chapelle du Saint-Esprit à Rue.

M. H. Dusevel écrivait les lignes suivantes, en 1860, dans la *Revue Picarde :*

« Plusieurs autres figures du colossal saint Christophe, telles que celles des églises d'Oisemont, de Conty, etc., se trouvent au reste mentionnées pareillement dans mes *Etudes sur l'Iconographie monumentale et historique de l'ancienne Picardie*, que je compte publier un jour, sous les bienveillants auspices d'un illustre savant de la capitale. J'ai pris soin d'insérer dans mes *Etudes* toutes les pieuses légendes, toutes les traditions anciennes auxquelles on attribuait jadis dans notre province, comme à Paris, l'érection de la plupart des statues du grand saint. »

Les études qui auraient pour objet des rechercher dans

chacune de nos provinces , les traces du culte de saint Christophe , promettent au pieux archéologue qui les poursuivra d'heureuses et abondantes découvertes. Nous continuerons nos investigations nous-même, si Dieu nous prête vie.

Les statues de saint Christophe sont toujours gigantesques en fait ou en proportions, absolument ou relativement. Le saint avait une haute stature, et les légendes vont jusqu'à en faire un géant d'une taille de douze coudées. Mais cette exagération populaire a été causée par les grandes dimensions des images des saints, et ces figures n'étaient elles-mêmes si hautes que pour que la foule entière vît la figure de ce bon saint, et que chacun pût jouir du privilége qui lui est spécial, de préserver de toute fin malheureuse durant le jour où on l'a vu. Pour donner une idée de la confiance que nos aïeux témoignaient à ce protecteur si généreux, voyons les monuments de son culte que le temps, le jansénisme et la révolution n'ont pas détruits dans un diocèse de France. Voyons le diocèse d'Evreux : les documents qu'il va nous fournir donneront à nos lecteurs une idée de ce que possédaient en ce genre les autres diocèses de France.

Bâtie pour une paroisse populeuse, Saint-Antonin d'Epaignes est l'une des plus vastes églises rurales de l'évêché d'Evreux. La principale curiosité de cette église est la statue de saint Christophe, placée au coin du collatéral qui élargit l'église au nord. On a donné au saint toute la hauteur que l'église comportait, puisque sa tête touche à la voûte. Nous le répétons : le véritable motif de ces proportions énormes était la croyance si universellement répandue, que celui qui avait vu saint Christophe était pendant le reste du jour à l'abri du péril. Comme la justice humaine est sujette à se tromper, on invoquait aussi saint Christophe contre les faux témoins, l'une des causes les plus redoutables des erreurs judiciaires.

Ce protecteur des gens menacés de danger avait autrefois bon nombre de statues dans le diocèse d'Evreux. Voici ce qu'en dit M. R. Bordeux. (*L'Eglise d'Epaignes et sa statue de saint Christophe*, 8 p., Evreux, Hérissey, imp.)

« Les statues de saint Christophe sont devenues rares. Dans le département de l'Eure, nous en connaissons trois qui méritent d'être signalées : l'une dans l'église des Baux-de-Breteuil; l'autre dans celle de Coutres, et la troisième à Notre-Dame-de-Verneuil. Le saint Christophe de Verneuil est fort beau comme sculpture; mais on a eu le tort de le reléguer près de la porte du chœur, sur l'emplacement d'un des autels latéraux, au lieu de le laisser à la place traditionnelle qu'il occupait depuis plusieurs siècles contre le pilier au bas de la nef. Quoique l'énorme saint Christophe que l'on voyait autrefois en entrant dans l'église du Grand-Andely ait été détruit à la Révolution, il convient de le mentionner aussi, parce que sa base, très-curieuse par ses détails, a été conservée. Un autre saint Christophe colossal est peint sur la muraille, près des fonts baptismaux, dans l'église Notre-Dame de Louviers.

La statue de saint Christophe, qui se trouvait devant la cathédrale d'Auxerre, avait vingt-neuf pieds. Le chapitre, aussi mal inspiré que celui de Notre-Dame de Paris, la fit disparaître en 1788. La cathédrale d'Amiens conserva celle qui ornait son entrée. A Saint-Saturnin de Toulouse, on voit incrusté dans un des piliers du transept, en face de la chapelle du Crucifix, le saint Christophe que possédait cette insigne basilique. Deux pieds du saint font saillie en dehors. Ces pieds en marbre, se rattachaient à une peinture murale qui représentaient saint Christophe. Cette peinture était, comme objet d'art et comme singularité, digne d'être conservée; elle disparut en 1804 ou 1805. Dans le triomphe du Christ de l'église de Brou, il est peint portant l'Enfant-Dieu sur ses épaules.

On ne sait trop pourquoi notre martyr se trouve représenté parfois, comme à Strasbourg, sous des traits hideux, tête de chien ou de loup. M. Didron en a rencontré en Grèce un exemple dans une peinture. La légende orientale a donné naissance à ce mode de représentation où, pensons-nous, se cache un symbole demeuré inexpliqué.

Trèves, diocèse de Lyon, eut avant 89 sa statue de saint Christophe. M. Chavanne, curé de cette paroisse, a rétabli l'image vénérée. A Néronde (Loire) l'église possède une bonne statue du saint martyr, par Foyatier.

«Les forts de la halle, les portefaix, les foulons avaient foi en ce saint, modèle de patience, de force, de charité et de mansué-tude; aussi marchaient-ils sous sa bannière. Les méreaux de ces corporations ne sont pas dans la collection ; mais elle possède ceux de la corporation des fruitiers, qui l'avaient eux aussi pour patron. Ils le priaient sans doute de bénir leurs travaux et de les faire fructifier, de même que Dieu avait béni les siens en faisant porter des feuilles et des fruits à son bâton, compagnon de toutes ses peines. Ces plombs, dessinés dans l'ouvrage de M. Forgeais, représentent saint Christophe passant le torrent, portant Jésus-Christ sur ses épaules, et guidant sa marche au moyen d'un grand palmier qui est le plus souvent fleuri. On voit sur quelques-uns de ces plombs un ermite agenouillé dans un coin, une lanterne à la main, dont les rayons de lumière sont dirigés sur le passeur. Ce moine est mis là pour représenter l'ermite qui convertit le réprouvé; la lumière qu'il tient signifie les clartés de l'enseignement de l'Eglise, qui servent à guider les fidèles et à les empêcher de s'égarer en traversant la mer orageuse de ce monde. La même collection possède une petite statuette en plomb très-fruste, mais très expressive. Jésus-Christ enfant assis sur l'épaule du géant l'accable du poids de son immensité ; le colosse s'appuie lourdement sur son bâton ; ses jambes enfoncées dans l'eau sont sur le point de fléchir ; le visage est décomposé par l'angoisse ; les flots courroucés montent, montent ; Christophe a peur d'être submergé. Au sujet de la manière dont est posé Jésus-Christ sur les épaules de saint Christophe, nous devons dire qu'elle n'est pas toujours la même. Le plus souvent les deux jambes du divin Enfant passées une de chaque côté du cou retombent sur la poitrine du saint. Mais sur plusieurs images, et notamment sur celles qui nous viennent des Grecs, Jésus-Christ est posé à cheval sur une seule épaule, une jambe passée au-devant sur la poitrine l'autre derrière, retombant sur l'épaule. Le P. Cahier, qui donne un exemple de cette posture, fait remarquer que les femmes de ce pays portent leurs enfants ainsi. » (Pessemesse.)

VI. Vie de saint Christophe, prise dans le chemin du désert, ouvrage de piété.

Saint Christophe était chananéen de nation. Ayant embrassé le christianisme, il quitta son pays, en l'an 253, pour aller annoncer l'Evangile dans la Lycie, province de l'Asie-Mineure. L'empereur Dèce exerçait alors une sanglante persécution contre les chrétiens. Les dangers n'effrayèrent pas le zélé propagateur de la foi : il finit par être arrêté. On le jeta dans les fers, on le livra plusieurs jours de suite à d'affreuses tortures : il lassa la férocité des bourreaux ; et comme sa contenance inébranlable convertissait une multitude d'infidèles, le tyran lui fit trancher la tête pour mettre fin à un spectacle dangereux. C'est le 9 mai que les Grecs célèbrent la fête de saint Christophe ; mais dans toutes les églises latines, c'est le 25 juillet, auquel jour de l'an 254 on croit communément qu'il reçut la palme du martyre. Ajoutons toutefois, pour être exact, qu'à Valence, en Espagne, la fête a été anticipée de 15 jours, et voici pourquoi. Pendant que saint Vincent Ferrier prêchait Jésus-Christ ressuscité à la population israélite de cette ville, saint Christophe apparut, dit-on, et plus d'une fois, à un grand nombre de Juifs, — ils le déclarèrent eux-mêmes, — pour les presser d'abandonner la loi de Moïse. L'intervention surnaturelle du saint détermina une conversion générale ; la synagogue devint un temple chrétien que l'on plaça sous l'invocation de celui qui avait pris une part si active au triomphe de la croix ; et, comme on dédia cette nouvelle église le 10 juillet, on solennisa dès lors la fête du glorieux patron le même jour que celle de la dédicace.

Aujourd'hui les savants croient unanimement que saint Christophe a réellement existé, ce que démontre le consentement des Eglises grecque et latine, de même que le culte rendu partout à ses reliques. Quant au nom du saint, outre la belle légende qui l'explique, on peut dire à ceux que le merveilleux ne satisfait pas, que cet apôtre fut appelé ou voulut s'appeler *Christophore*, parce qu'étant allé prêcher l'Evangile en Lycie, il y avait *porté* ou apporté la parole du *Christ* ; ou, à un autre point de vue, parce qu'il *portait* l'amour du *Christ* dans son cœur : c'est dans ce dernier sens que saint Ignace d'Antioche se donna le nom de *Théophore* *(porte-Dieu)*. Quoi qu'il en soit, le nom de saint Christophe présentera toujours à l'esprit, par une sorte de langage iconographique, la figure d'un géant portant l'Enfant Jésus sur ses épaules.... L'Atlas de la mythologie est plié en deux, comme un crocheteur, sous un énorme globe terrestre qui l'ombrage et le couvre tout entier : saint Christophe porte sur ses épaules, ou, pour mieux dire, sur une épaule, quelquefois même au bras, un petit enfant, aux cheveux bouclés, aux beaux yeux, à la bouche souriante ; et sous le poids de cet enfant si tendre, si frêle, le géant visiblement affaissé s'appuie avec effort sur un arbre garni de tous ses rameaux, qui lui sert de bâton pour marcher : *pinus vestigia firmat.* C'est là une des plus sublimes conceptions de l'art chrétien que bien des gens dédaignent, parce qu'ils n'en connaissent pas la poésie, l'originalité, la fraîcheur.

VII   Prière à saint Christophe en forme d'élévation.

Bienheureux saint Christophe , vous êtes né dans cette terre où une femme Chananéenne obtint du Seigneur la guérison de sa fille ; touché de la même grâce, vous vous êtes soumis au joug aimable de Jésus-Christ ; votre cœur a brûlé d'un feu divin, et votre corps n'a pu être atteint du feu matériel ; ce cœur, percé d'un trait de l'amour divin, a été invulnérable aux flèches des ennemis du Seigneur ; hélas ! le mien est faible pour résister aux efforts du monde, il n'est dur qu'aux impressions de la bonté de mon Dieu ; cependant mon âme est avide de connaître le secret de vos pensées ; elle voudrait savoir par quelles armes vous avez remporté de si grandes victoires ; écoutez mes paroles, recevez la prière que je vous fais ; que les objets qui me portent au péché s'éloignent de moi ; qu'il me soit permis, après de longs jours, de rassembler mes forces pour m'entretenir avec Dieu, sans m'en distraire jamais. Soyez mon gardien et mon conducteur, faites-moi marcher en la présence du Seigneur, qu'il se ressouvienne qu'il est mort pour moi et que je suis le fruit de ses souffrances, que je suis la conquête de son amour; le prix est offert, le Seigneur n'a pas besoin de nouvelles richesses pour me racheter ; suppliez sa bonté afin qu'il m'attire après lui : il peut me combler de ses grâces et les répandre sur moi avec abondance, sans que les trésors de sa miséricorde en diminuent ; au contraire le Seigneur en deviendra plus riche : ô sentiment ! qui remplit mon âme d'allégresse, je puis enrichir le Seigneur ; oui, il s'enrichira de tous les biens qu'il répandra sur moi. O Mystère ineffable ! mon âme demeure abîmée dans ce prodige de l'amour de mon Dieu ; il ne lui reste plus de paroles pour exprimer sa joie et sa reconnaissance; saint Christophe mon Patron, ô Bienheureux Martyr ! prenez-moi sous votre protection; que mon salut soit entre vos mains, vous en deviendrez aussi plus riche, vous ajouterez une fleur à votre couronne. Ainsi soit-il.

VIII. Saint Christophe d'après saint Ambroise.

La prière suivante est très-ancienne, puisqu'elle est tirée du missel de saint Ambroise. On la donne ici d'après une vieille édition des *Fleurs des vies des saints* du jésuite Ribadeneira, édition meilleure que les plus récentes, dites à tort *corrigées*, parce qu'elles sont mises en meilleur français et appauvries en fait de légendes merveilleuses :

« Saint Ambroise fait mention de saint Christophe, et, dans la Préface de la messe qu'il met pour la fête de ce glorieux martyr, il dit ces mots, qui sont comme le sommaire de toute sa vie : « Seigneur, vous comblâtes tellement Christophe de vertus et de grâces, que par sa divine doctrine et ses miracles, il convertit quarante-huit mille personnes. Il ramena à la chasteté Anicée et Aquilina, pécheresses dépravées, qui languissaient depuis longtemps dans la fange de leur péché, leur enseignant à confesser votre foi et à recevoir, en mourant pour elle, la couronne du martyre. De plus, étant jeté au feu et lié sur un banc de fer, il ne redouta point l'ardeur des flammes et ne put être atteint des flèches que les soldats lui tirèrent pendant un jour entier, l'une | desquelles creva l'œil de l'un de ses bourreaux ; mais le sang du bienheureux martyr detrempé dans la terre, lui rendit la vue et dissipant cet aveuglement du corps, illumina aussi l'âme. Il obtint aussi la grâce de guérir les maladies et les infirmités par son intercession. » Voilà ce qu'en dit saint Ambroise. L'Eglise célèbr e la fête de saint Christophe le jour qu'il fut martyrisé, le vingt-cinquième jour de juillet, l'an de grâce 244, sous l'empire de Décius, comme disent le Martyrologe romain et le cardinal Baronius.

IX. Iconographie de S. Christophe.

M. L.-J. Guénebault, dans son *Dictionnaire iconographique*, consacre l'article suivant à notre Saint.

« S. Christophe, iiie siècle. Sa fête au 25 juillet.

Représenté portant l'enfant Jésus, et tenant un bâton terminé par une fleur (I). Dans l'eau une espèce de tête.

Tableau de Simon Memmi (xiiie siècle). Voir la 2e figure de

(1) C'est sans doute cette *fleur*, dite *fleur de saint Christophe*, citée à la note 3 de la page 10 du mémoire du P. Arth. Martin, tome Ier des *Mélanges d'archéologie*, etc. Voir la *Légende*.

la 2° bande d'une planche reproduite sous le n° 22, dans la suite des *Peintres primitifs* (collection de M. Artaud), publiée par Chalamel, 1 vol. in-4°, Paris, et dans notre *Iconographia sancta*, citée ci-dessus.

Le même, portant l'enfant Jésus, *Guido Reni invenit et sculpsit*. Voir l'œuvré de ce peintre.

Autre gravé par Albert Durer. Voir son œuvre et la collection de gravures de la bibliothèque Mazarine, n° 4778 (38), fol. 89 ou 99.

Autre, mêmes collections et fol., gravé par Egidius Sadeler, d'après le Bassau.

Le même, jolie gravure de J. Valdor. Voir son œuvre.

Voir aussi notre *Iconographia sancta*, bibliothèque Mazarine, n° 4778 (G), et la grande collection des saints du cabinet des estampes à Paris, tom. IV, fol. 53, 54, 55, et dont une d'Albert Durer.

Figure colossale. Peinture sur verre à la cathédrale de Strasbourg, au transept méridional. Ce vitrail est attribué au XII° siècle (1). Voir l'ouvrage indiqué ci-dessous, et les Monographies de cette église.

La statue colossale de ce saint, telle qu'elle existait avant 1789 dans l'église cathédrale ou Notre-Dame de Paris, est gravée dans une ancienne vue de cette église, qui se trouve dans la *Topographie de Paris*, au cabinet des Estampes, près la bibliothèque dite de Richelieu, à Paris, et dans notre *Topographie* de cette ville, bibliothèque Mazarine, n° 4778 (T).

(1) Cette figure est regardée par le P. Martin comme la plus ancienne qu'il connaisse de ce saint. Elle est également citée, page 36, note 2, *Essai sur les vitraux de la cathédrale de Strasbourg*, par l'abbé Guerrier, professeur d'archéologie au Séminaire. Strasbourg, 1848.

Autres, désignées dans notre *Dictionnaire iconographique des monuments*, etc., et dans les suppléments de ce Dictionnaire.

On trouve une figure du même saint, assez curieuse, reproduite d'après une peinture murale du xvᵉ siècle environ, en Angleterre, dans le IIIᵉ volume de *The Journal of the britisch archeological Association*, etc. Voir la planche de la page 85. Le saint traverse la mer, où l'on voit trois vaisseaux et des poissons, le martyre de saint Sébastien, sur le rivage, à main droite ; un homme qui pêche à la ligne, à main gauche, et quelques autres détails.

Représenté sur le collier de la confrérie de saint Christophe, en 1480, fondée par le comte Guillaume de Henneberg.

Il est publié dans l'ouvrage d'Hideloff de Nuremberg, les *Ornements du moyen âge*, in-4°, ixᵉ partie ou livraison (Année 1844), planche 6, figure *D*, page 31.

Figures gravées par d'anciens maîtres du xvᵉ siècle,

L'une, portant pour signature la marque :. Voir la planche du folio 94, d'un volume in-folio. *Vieux Maîtres* (t. 4 à 55) au cabinet des Estampes, à Paris.

L'autre, pièce capitale d'Alber Durer, portant la date de 1535. Voir la planche du fol. 34, t. Iᵉʳ de ses œuvres (C. A. 5.)

Autre, du même, fol. 117 (même collection.)

Le même saint en pied, gravé par H. Nusser, d'après Hemmeling, et publié sous le n° 2 de la Vᵉ série des images de Dusseldorff (1846). A Paris, chez Jacques Lecoffre, libraire.

Voir aussi notre *Iconographia sancta*, bibliothèque Mazarine, n° 4778 (G).

On y voit la Légende de l'enfant Jésus porté par le saint.

Représenté tenant au bras comme une espèce de meule de moulin. *Montcornet fecit*. Voir notre *Iconographia*, etc.

A Bâle, en Suisse, est une haute tour, servant de porte fortifiée à la ville ; dans une niche est une statue dite de saint Christophe qui, contre l'usage ordinaire, représente le saint en guerrier. Cette statue est publiée dans l'*Univers pittoresque* des frères Didot. *Suisse*, in-8º, Voir la liste des planches.

Autre figure du même saint d'après une curieuse peinture murale de la cathédrale de Séville, xvᵉ siècle environ. *Espagne monumentale*, chez Hauser, à Paris.

Voir Séville et les planches de cette localité.

Le même saint est aussi représenté sur le bas-relief du dessus de la porte de la chapelle du château d'Amboise, publié par Muller, *Picturesque schete of the oge Francis Iᵉʳ*, in-folio, planche XIX. Ici le saint est à genoux entre deux montagnes, et non dans la mer, comme le dit la Légende. Il semble tomber à genoux sous le poids du Christ qui l'écrase, et à qui il adresse la parole.

X.— Culte, reliques de S. Christophe.— Hymnes et prières liturgiques en son honneur.

Saint Christophe est inscrit dans les plus anciens martyrologes, particulièrement dans celui qui est attribué à saint Jérôme. Il fut baptisé par saint Babylas, évêque d'Antioche, et reçut la palme du martyre sous Dèce, vers le milieu du troisième siècle. Les Grecs le fêtent le 9 mai ; les Latins, le 25 juillet.

Un monastère, sous le vocable de saint Christophe, fleurit en Sicile, au temps de saint Grégoire-le-Grand. Le culte de ce grand martyr a été universel ; nous le voyons longtemps en honneur dans notre pays, en Auvergne, en Gascogne, en Champagne, en Picardie, et les cinquantes localités qui, en

France, portent encore son nom, nous prouvent que toutes nos provinces durent avoir ici des églises, là des autels sous son patronage. S. Léon IX consacra un de ces autels à Reims. Les images de S. Christophe ornèrent un nombre considérable de lieux saints, et figurèrent, en quelque sorte, à tous les foyers chrétiens. On dira ce qu'on voudra de l'âge contemporain, mais on ne parviendra pas à ôter aux générations qui nous devancèrent la foi qui les fit si grandes, alors qu'avec ses prétentions absurdes, le dix-neuvième siècle sue le paganisme par tous les pores, et que par là il mérite d'être appelé le siècle des petites choses.

La Belgique honora saint Christophe, surtout à Bruxelles et à Bruges. L'Allemagne, la Galatie, l'Espagne, l'Italie, l'Orient entier le vénérèrent.

Suivant saint Isidore, une grande partie des reliques de saint Christophe fut apportée à Tolède, où est encore un de ses bras. L'autre est à Rome, où un reliquaire exista à Saint-Pierre contenant cette relique. Sainte-Marie du peuple, saint Pierre-es-liens, sainte Sabine, possèdent des ossements du saint. Une de ses mâchoires a été signalée à Astorga; d'autres os à Compostelle. Plusieurs autres parties du corps sont gardées à Valence. Il en existait d'autres à Saint-Denis, en France, avant la tourmente révolutionnaire.

Bologne, Ravenne, Vérone, en Italie, Cologne, en Allemagne, Bruges, en Belgique, ouvrirent aussi aux ossements du saint martyr les trésors de leurs sanctuaires.

Les miracles de saint Christophe ont été nombreux, et les témoignages en existent dans les livres où il est question de sa vie et de son culte comme aussi dans les monuments érigés à sa mémoire. Il est mis au nombre des quinze saints auxiliateurs, qui ont une messe spéciale dans les missels d'autrefois. Il est invoqué contre la peste et contre les grands périls. Sa puissance a éclaté contre les esprits ténébreux dans les possessions. Il apparut, à diverses reprises, à des âmes pieuses, pour demander des constructions de lieux saints.

Non-seulement en France, mais encore en Italie, en Espagne, au delà du Rhin, mais dans les pays lointains, beaucoup d'églises furent dédiées à saint Christophe. Nous avons précédemment parlé des grandes images taillées du martyr, qui furent, jusqu'à la fin du dix-huitième siècle, l'objet de tant de confiance et de vénération ; leur dimension atteignait jusqu'à 36 pieds de haut.

La poésie a exalté les vertus et la protection de saint Christophe. Nous traduisons ici quelques-uns de ces vers latins : « O Christophe, dit Vida, dans une de ses hymnes, les peintres te représentent portant le Christ sur tes épaules, toi qui l'avais si profondément gravé dans le cœur. »

Baronius rapporte trois autres vers d'une hymne, d'après le bréviaire de Tolède : « La taille de Christophe était grande, mais son esprit était encore supérieur. Son regard était brillant, son cœur enflammé, ses cheveux avaient l'éclat de l'or ».

Ce qui suit est la traduction d'une poésie latine de Vicelius, *(in hagiologio)*, en l'honneur de saint Christophe.

— Qui es-tu, toi qui portes si noblement Jésus-Christ ?

— Je suis celui à qui l'Enfant que je porte a donné son doux nom.

— Quel est cet enfant ? — Le Christ.

— Quel est cette statue de géant ?

— Celui que je porte comme un poids léger sous la figure d'un petit enfant, est plus grand que n'importe qui sur la terre. De lui dérive cette vertu qui donne la vigueur aux âmes et aux corps de ceux qui veulent glorifier le Sauveur en présence des peuples.

—Mais pourquoi, pénétrant dans les flots de la mer bouillonnante, réprimes-tu les eaux soulevées, étant armé d'un tronc d'arbre?

—Dans la mer, que je domine, tu dois considérer la perversité du monde, qui expose les âmes pieuses à de redoutables dangers. L'âme n'a d'autre signification que l'intelligence du Verbe, qui enflamme les cœurs dans l'adversité. Instruits par lui, nous bravons les rochers et les foudres, et par là nous apprenons que tout secours émane des mérites de Jésus-Christ. »

Une phrase du Missel d'Autun contient quatre vers dont voici la traduction : « Pour être protégés contre la peste, nous invoquons, en célébrant leurs louanges, S. Christophe, S. Adrien (martyr) et S. Sébastien. »

Les prières ci-après sont extraites du Missel de Milan : « Seigneur, qui dans votre ineffable miséricorde, par votre bienheureux martyr Christophe, avez arraché tant d'âmes à l'erreur des infidèles, pour les éclairer des lumières de la foi, accordez à votre peuple, par les éclatants mérites de votre serviteur, de persévérer dans cette même foi et d'être puissant en œuvres, par J.-C. N.-S.

—

Seigneur, vous à qui le bienheureux martyr Christophe voulut s'offrir lui-même en sacrifice, par le martyre dont il reçut la palme, sanctifiez l'hostie de votre peuple (à la messe), et faites que, offert dignement, il serve au salut des âmes qui auront reçu cette hostie sainte. P. N.-S. J.-C.

—

Dieu tout-puissant, qui avez daigné révéler à votre bienheureux martyr Christophe la connaissance des infinies perfections de votre fils, N.-S. J.-C., accordez-nous, par son intercession, que nos âmes, lavées des taches du péché, soient purifiées par la grandeur de votre miséricorde. Par le même J.-C. N.-S.

—

Saint Christophe, au moment de consommer son glorieux martyre, pria en ces termes, d'après ce que rapportent les Bollandistes :

« Seigneur mon Dieu, qui m'avez retiré de l'erreur pour m'attirer dans cette science au nom de laquelle je vous implore, daignez accorder que là où mon corps sera mis, n'approchent ni la grêle, ni la fureur de la flamme, ni la famine, ni la mort. Que dans cette ville, que dans ces lieux, s'il se rencontre des malfaiteurs, des victimes du démon, qu'ils viennent, qu'ils prient de tout leur cœur, et qu'employant mon nom par la vertu du vôtre dans leurs prières, ils soient sauvés. » Alors une voix du ciel fut entendue disant : « Christophe, mon serviteur, que ton corps soit présent ou non, partout où ton nom sera prononcé dans une intercession, ce qui sera demandé sera accordé, et ceux qui auront ainsi prié seront sauvés. »

Une association pieuse, sous le patronage de *saint Christophe, martyr, protecteur spécial contre les pestes, les tremblements de terre*, etc., avait été établie dans la cathédrale d'Urbania (Italie), il y a quelques années. M. Vittorio Guidi, un des huit missionnaires de cette église, en était le directeur. Une messe était célébrée tous les jours pour les associés. L'auteur de ce travail est inscrit depuis longtemps au livre d'admission, sous le nº 1052. Chacun pouvait se faire inscrire de son côté; moyennant l'envoi à M. Vittorio Guidi de 0 fr. 25, on recevait le prospectus de l'Œuvre et l'image de saint Christophe y afférente. Nous sommes sans nouvelles de cette Œuvre.

Les *Ménées*, le *Ménologe grec*, l'*Eulogium*, tous les martyrologes ont enregistré la vie et le martyre de saint Christophe. Le bienheureux Pierre Damien a consacré un sermon à sa louange. A une époque reculée, il exista plusieurs monastères sous son invocation.

A propos du bâton de saint Christophe, qui fleurit sur le rivage, rappelons que la verge d'Aaron, en se couvrant de rameaux, désigna son élection au sacerdoce. Parmi les autres exemples du même prodige renfermés dans les martyrologes et les légendes, figure l'aiguillon de Raymond, le laboureur d'Alet, qui se couronna de feuilles, lorsque la sainte Vierge lui eut donné l'ordre de bâtir un sanctuaire en son honneur et qu'il eut trouvé la statue miraculeuse. On donne comme très-historique le prodige qui couvrit de fleurs le bâton de S. Joseph, signe miraculeux de son élection pour être l'époux de Marie. Ce signe poétique figure ailleurs dans nos légendes saintes.

Baronius a placé le martyre de saint Christophe sous le règne de Dèce, mais le plus grand nombre des hagiographes le mettent sous le règne du roi Dagnon.

« Dans la collection des plombs historiés de M. Forgeais, dit M. Pessemesse (*Archéologie populaire*), nous trouvons plusieurs méreaux qui nous aident à compléter l'iconographie de saint Christophe. Ces méreaux, comme chacun le sait, servaient de jetons aux corporations. Plusieurs corporations étaient placées sous le patronage de saint Christophe ; aussi on possède un assez grand nombre de ces plombs frappés à son effigie. Les arbalétiers l'avaient pris pour patron, parce que, disent les Actes de son matyre, les flèches que tiraient contre lui les soldats de Dagnon, épargnèrent son corps et se retournèrent contre ses bourreaux ; une entre autres perça l'œil du roi. Cette particularité de la passion du Saint était figurée par plusieurs flèches retournées à ses pieds. On trouve ce motif sur la châsse qui renferme ses reliques, à Arba, en Dalmatie.

Au pied de la statue du Saint figurent parfois des serpents, signe de certaines délivrances miraculeuses dûes à son intercession. Les villes d'Alba, de Stuttgard et d'autres, étaient placées sous la protection de saint Christophe. En Lombardie, le jour de sa fête, on faisait une bénédiction de poivre en son honneur. Ses statues étaient très-multipliées en Allemagne.

Le *British-Museum*, de Londres, possède un manuscrit syriaque, apporté de la Thébaïde et qui contient les Actes de saint Christophe. Ce manuscrit, classé par M. Cureton, a pour titre : *Actes de saint Christophe, martyrisé sous Dèce, et porte le n° 12,174.*

Un extrait des apocryphes, rapporté par saint Vitus, débute ainsi : « Dans le temps où Dagnon régnait sur la ville de Samos, il vint un homme de la race de Chanaan ». Le manuscrit finit de cette manière : « Le Saint, avant de mourir, fit cette prière : Seigneur Dieu tout-puissant, donnez une bonne récompense à ceux qui écriront le récit de ma passion. » Un autre écrit de la même époque contient à peu près la même version : « Il y avait un chrétien appelé Christophe, homme saint et trés-illustre en ces temps, d'une doctrine admirable et riche en vertus. »

A la date du 25 juillet, nous lisons dans le martyrologe d'Usuard : « A Zamon, en Lycie, saint Christophe, qui, ayant été meurtri à coups de verges, et délivré, par la puissance de Jésus-Christ, de la violence des flammes, fut à la fin, percé de flèches, et ayant été décapité, consomma ainsi son martyre.

Le petit martyrologe romain continue ainsi : « A Zamon, saint Christophe, martyr. » Sa mémoire est rappelée dans les additions de Florus, sur Bède (ce dernier l'a rapportée au 28 avril), additions qui renferment un éloge un peu plus long. Mais l'auteur qui nous intéresse le plus est Adon, qui a exprimé en peu de mots et d'une manière si élégante toute l'annonce qu'Usuard n'a rien trouvé qui put être modifié, ni retranché. Il n'est pas douteux ici que les copies de saint Jérôme ne célèbrent aussi le même Christophe, quoi qu'il en soit des quelques altérations de nom et de lieu. Quant à ses gigantesques statues et ce qui les concerne, voyez Florentini et la note de Papebrock aux éphémérides Gréco-Mosques ; cette note vous fera connaître ce qu'il faut penser des Actes publiés sur saint Christophe. (*Martyrologe d'Usuard*, publié par J. Carnandet et Mgr J. Fèvre.)

A la date ci-dessus, le martyrologe romain dit : « En Lycie, saint Christophe, martyr, qui, sous l'empereur Dèce, fut déchiré avec des verges de fer, et préservé de la violence du feu par la puissance de Jésus-Christ, et enfin percé de flèches et décapité, pour achever son martyre.

XI. Notes de M. l'abbé Corblet sur saint Christophe à propos d'une ancienne médaille.

On sait que dans un grand nombre de monuments religieux, on voit une statue plus ou moins colossale de saint Christophe, soit à l'un des portails, soit dans une chapelle située à l'entrée de l'église. Malgré les nombreux actes de vandalisme qui ont pris le gigantesque saint pour point de mire, nous voyons encore figurer sa représentation légendaire, inspirée par la signification de son nom, dans de nombreuses églises de notre diocèse, à Conty, à Oisemont, à Saint-Riquier, à Saint-Martin de Doulens, à Bellencourt, à la cathédrale d'Amiens, où le XVIIIe siècle a voulu rivaliser, par le ciseau de Dupuis, avec l'œuvre naïve et grandiose que le XIIIe siècle avait sculptée à l'extérieur d'un portail. L'intention primitive des artistes, à une époque où tout était symbole dans l'art comme dans la

liturgie, était de rappeler aux fidèles qu'ils devaient porter
Jésus-Christ dans leur cœur avec autant de soin que Christophore le portait sur ses robustes épaules. Plus tard, une
pieuse croyance vint s'attacher au culte de celui qui, selon
la légende, avait passé successivement du service d'un
roi à celui du diable et du service du diable à celui de Jésus-
Christ. On estima qu'on était à l'abri de tout danger, pour
le reste de la journée, quand on avait jeté un coup d'œil sur la
statue de saint Christophe : c'est ce qu'exprimait cet adage :

Christophorum aspicias, postea tutus eris.

Saint Christophe, dont le seul aspect protégeait contre tous
les dangers, devait être surtout visité dans les temps de peste.
En lui donnant une place sur une médaille de piété parmi les
patrons spéciaux invoqués contre les fléaux contagieux, on n'y
introduisait pas un élément étranger ; on conservait au porte-
Christ le rang qu'il occupait dans la dévotion populaire, et
on économisait pour les pieux confréres la course qu'ils auraient dû faire jusqu'à la cathédrale. Il leur suffisait de considérer leur médaille pour se croire à l'abri de toute atteinte
contagieuse.

Ce n'est pas seulement dans la ville d'Amiens que saint
Christophe était l'objet de la vénération populaire ; son culte
était répandu dans tout le diocèse, où on l'invoquait spéciale-
ment pour échapper aux maladies contagieuses et pour conserver la vigueur corporelle : à Abbeville, c'était le patron des
scieurs de long qui ont besoin d'une grande énergie musculaire
pour exercer leur fatiguant métier ; sur les bords de la
Somme, c'était le patron des mariniers qui, le 25 juillet, éli-
saient à Bray un roi et une reine, en enviant peut-être à leur
glorieux protecteur le privilége qu'il avait de traverser les
fleuves sans le secours d'une barque ; à Doullens, les jeunes
gens des environs, avant de prendre part à des jeux qui néces-

sitaient le déploiement d'une certaine force musculaire, allaient invoquer dans l'église Saint-Martin celui qui, comme l'antique Atlas, porta le monde sur ses épaules ; à Hangest-sur-Somme, le jour de la fête des *brandons*, c'est-à-dire au premier dimanche de carême, les jeunes gens parcouraient la place, vers le soir, avec des torches enflammées et chantaient ce refrain :

> Saint Christophe
> Envoyez-en de grosses (pommes),
> Des tiots cafignons
> Pour manger en saison.

Dom Grenier, qui nous raconte cette bizarre cérémonie, y voit un souvenir du paganisme, mais il ne nous explique pas le motif de l'invocation à saint Christophe. Il est présumable qu'à Hangest, et peut-être ailleurs, on l'invoquait pour la prospérité des biens de la terre.

A. Albert, à Lanches, à Velennes, saint Christophe est le titulaire de l'église. On vénérait de ses reliques à Mareuil, à Saint-Pierre d'Abbeville, à Saint-Pierre de Corbie, à Longpréles-Corps-Saints. On voit que bien des contrées de notre diocèse rivalisaient de dévotion avec la ville d'Amiens, qui montrait avec orgueil la colossale statue de saint Christophe, qui avait donné le nom de ce saint vénéré à l'une des tours qui flanquait son enceinte, et qui, en 1310, avait fait peindre sa légende au-dessus du portail septentrional de Notre-Dame.

Je crois avoir suffisamment expliqué la présence de saint Christophe sur la médaille qui nous occupe, par la popularité qu'a eue, dans notre diocèse, le culte du saint martyr de Lycie et surtout par l'idée qu'on attachait à l'aspect de son image.

— Nous couronnerons ces pages en l'honneur de saint Christophe, par l'invocation suivante, spéciale pour les temps présents.

XII. Invocation à saint Christophe pour les temps présents.

Glorieux martyr saint Christophe, obtenez à tous ceux qui invoquent votre puissant secours, d'être préservés des pestes, des épidémies, des tremblements de terre, de la foudre et des tempêtes, des incendies et des inondations. Protégez-les contre les châtiments providentiels, dans le temps, et préservez-les de la perdition éternelle. Délivrez-les de toute mort subite et de toute fin malheureuse. Ainsi soit-il.

Les chrétiens fervents des siècles passés étaient pleins de foi en cette pieuse croyance que quiconque jette, le matin, un regard sur une image de saint Christophe, ne meurt durant ce jour ni subitement, ni par une calamité quelconque.

Un vers léonin passé en adage disait : Regarde Christophe, et puis va-t-en rassuré.

Christophorum videas, posteà tutus eas.

La bonté de saint Christophe a été l'origine de plusieurs proverbes. On disait entre autres choses : Ceux qui te voient le matin rient la nuit.

Qui te mane vident nocturno tempore rident. On dit aussi au singulier : *Qui te mane videt, nocturno tempore ridet.*

Une figure en argent du même saint, qui existait autrefois dans le trésor de la Sainte-Chapelle, à Paris, portait sur son piédestal deux vers latins rimés qui signifiaient : Quiconque considère la face de saint Christophe, certainement n'est saisi ce jour-là par aucune affliction.

Christophori sancti speciem quicumque tuetur
Ista namque die non morte mala morietur.

Quiconque considère l'image de saint Christophe est assuré ce jour-là de ne point mourir de mauvaise mort.

Cette pieuse confiance n'a jamais été blâmée par les papes, qui ont même approuvé plusieurs associations en l'honneur du saint martyr.

Saint Pierre de Rome possède une châsse, datant de

la Renaissance, vers l'an 1520, où l'on conservait une épaule de saint Christophe. On y lit quatre distiques, dont le dernier est une invocation au saint contre la peste. Voici le troisième :

> Illius. ergo. die. sacrum. qui. viderit. omni.
> Morte. vacat. tristi. fletus. et omnis. abest.

Quiconque aura vu la sainte figure est préservé ce jour-là de toute triste mort et de tout malheur.

Les inquiétudes inspirées par l'avenir sont un grave motif de rallumer le zèle envers ce grand Saint. Aussi avons-nous cru devoir offrir à nos amis la reproduction , avec l'exactitude photographique, de la plus ancienne image existante de saint Christophe. Elle est datée de 1423, et il n'en est connu que trois épreuves. Cette naïve gravure sur bois excitera davantage la piété que toutes les autres.

Grande allégorie de la vie de S. Christophe.

Dans la préface du *Dictionnaire de littérature chrétienne* Migne), l'auteur, A. L. Constant, oppose à Hercule, synthèse du sensualisme et de l'orgueil dans la force brutale, l'idéale figure de S. Christophe.

« Ce type terrible et gigantesque d'Hercule, dit-il, apparaît dans la poésie chrétienne des légendes avec toute ses proportions titaniques : pour massue il porte un arbre tout entier et il s'appelle *Réprobus*, le nom qui convient à Satan et à l'humanité maudite. Nous le voyons traverser un fleuve qui sépare deux mondes, courbé non sous le poids, mais sous la puissance d'un enfant. Ainsi l'antiquité représentait les Centaures domptés et tourmentés par le jeune Eros ; mais combien l'Enfant-Dieu de la légende n'est-il pas plus puissant que le vainqueur des Centaures et d'Hercule ! Hercule qui résumait en lui toutes les forces de la chair a dû en ressentir aussi toutes les faiblesses ; sa défaite fut une honte, tandis que notre Christophore, courbé sous l'enfant qui l'éclaire, sort du fleuve transitoire, glorieux et régénéré. Le christianisme seul pouvait soustraire l'Hercule symbolique aux affronts d'Omphale et à la tunique dévorante de Déjanire, en lui donnant pour reine la chaste et éternelle beauté, et pour vêtement expiatoire, le calice de la pénitence ».

—

A l'article allégorie, le même ouvrage contient ce qui suit :

« La légende de St Christophe est la plus belle et la plus ingénieuse allégorie que nous connaissions du progrès de l'humanité à cette époque (l'époque des martyrs). Le sens profond de cette légende, qui renfermait en quelque mots tout le secret du génie chrétien, n'était déjà plus compris au moyen âge, mais on répétait encore cet adage traditionnel :

Christophorum videas, postea tutus abi.

Tachez seulement de voir le Christophore, puis marchez sans rien craindre. *Voir* signifiait comprendre, et ce n'étaient pas les statues gigantesque du symbole (1) qui pouvaient en donner l'intelligence... Nous nous ferons un plaisir de citer et d'analyser dans le récit les vers naïfs d'un conteur du moyen âge.

La légende du grand St Christophe
Christophorum videas, postea tutus abi.
Qui voit St Christophe en passant
(Je dis son image bénite),
Onc ne mourra de mort subite,
Tant sur le diable il est puissant.
Vous direz, d'après la légende,

---

(1) Par ces mots employés par l'auteur, allégorie, symbole, etc. propre à l'ordre d'idées qui sont ici présentées, nous n'entendons nullement que l'existence réelle de St Christophe puisse être mise en doute.

Que, bien qu'il fut un grand géant,
La Providence, en le créant,
S'était montrée encor plus grande.
Christophorus était païen
De naissance, et chananéen,
Grand de plus de douze coudées.
La première de ses idées
Fut de chercher le plus grand roi
Et de se soumettre à sa loi,
Mais le plus grand qui fut au monde :
Plus tard vous saurez la seconde.
Or il était en ce temps-là,
Un prince dont la gloire alla
D'un bout à l'autre de la terre.
Riche en paix, terrible à la guerre.
Christophe se fit son vassal,
Puis il devint son commensal
Pour l'avoir, dans une bataille,
Bien servi par sa grande taille.
Or il advint qu'un certain jour,
Le roi traita toute sa cour.
A sa droite il mit St Christophe,
Bien vêtu d'une riche étoffe :
Puis les vins exquis de couler,
Et le hanap de circuler :
Au dessert ménestrels entrèrent,
Et leurs ballades commencèrent,
Dont l'une était d'un diablotin
Qui parlait bien grec et latin ;
Or, chaque fois que le bon sire
(C'est le grand roi que je veux dire)
Entendait prononcer le nom

De notre ennemi le démon,
Il se signait pour assurance
De n'être pas en sa puissance.
Or le sire Christophorus,
Qui lors se nommait Réprobus,
Car de son front le saint baptême
N'avait pas lavé l'anathème,
Christophorus dit donc au roi :
Qu'est ce signe, explique-le moi ;
Et comme d'abord le bon sire
Se défendait de le lui dire :
Si vous ne vous expliquez pas
Je vais vous quitter de ce pas,
Dit Réprobus, qui de la chose
Suspectait à bon droit la cause.
— Puisque vous voulez le savoir,
Dit le roi, c'est le diable noir
Qu'on nomme, et je fais de la sorte
Pour empêcher qu'il ne m'emporte.
— Il est donc plus puissant que vous,
Dit Christophe. — Il faut, entre nous,
Que j'en convienne, dit le sire.
Or bien je quitte votre empire.
Car en vous servant j'ai voulu
Servir un monarque absolu :
Je passe au service du diable.
Ce disant, il quitta la table,
Laissant tous les gens ébahis.
Et s'en alla par le pays.

On voit par ce commencement que le versificateur gothique
a tout bonnement habillé les hommes et les choses à la mode
de son temps, avec ses ménestrels et son roi qui se signe en

entendant parler du diable, et cela avant que le christianisme
fût connu, comme on le verra par la suite de la légende.
Dans l'allégorie ancienne, qui remonte sans doute aux premiers siècles, on devait dire qu'au milieu du banquet royal, le
prince, effrayé d'un mauvais présage, fit conjurer les divinités
infernales ; de là, les questions et la fuite du géant Réprobus.
Mais revenons à son histoire.

> Voici qu'en un lieu très-sauvage
> Il voit venir sur son passage
> Des soldats noirs comme la nuit,
> Qui sonnaient leur trompe à grand bruit,
> Précédant la marche hautaine
> D'un fort insolent capitaine :
> — Que cherches-tu donc par ici ?
> — Le Diable. — En ce cas me voici.
> Car c'était le diable en personne.

. . . .

Réprobus lui demande s'il est le plus grand monarque du
monde ; à quoi Satan ne manque pas de répondre affirmative-
ment. Le géant alors s'engage à son service, et le suit à travers la montagne.

Ils traversent des plaines, franchissent des rochers, des-
cendent dans des ravins.

> Et Christophore était bien las,
> Car les diables font de grands pas,

dit notre vieux conteur.

Enfin ils arrivent dans une gorge sur laquelle se penchait
un rocher surmonté d'une croix. Toute l'armée infernale s'ar-
rêta : le chef paraît troublé. — Avançons, dit le géant Réprobus. — Fuyons, dit l'ennemi du genre humain. — Pourquoi
donc ? — Eh ! ne vois-tu pas cette croix ? — Que t'importe

cette croix? — Fuyons!... — Fuis donc et laisse moi, puisque tu as peur. Tu m'as trompé en me disant que tu avais la puissance suprême. J'ignore ce que signifie cette croix et de quel souvenir elle est l'étendard, mais je reste près d'elle et je veux m'attacher à lui. Il n'achevait pas cette parole que tous les démons avaient disparu.

Le voilà donc resté au pied de la croix ; mais qui lui en expliquera le mystère? Pendant quatre jours et quatre nuits, il chercha et ne trouva personne qui pût lui rien dire. Les savants se moquaient de lui, et les ignorants supposaient qu'il se moquait d'eux : cependant, après le quatrième jour, le géant vit passer un vieillard à la longue barbe blanche : c'était un des premiers ermites, et c'était lui-même qui avait pianté la croix sur le rocher.

Réprobus l'interrogea comme les autres: le vieil ermite sourit. — Tu veux trouver celui qui régne par la croix, mais on ne le trouve que par la foi et les bonnes œuvres : crois-tu en lui ! — J'ai vu fuir les démons devant la croix. — Veux-tu faire des bonnes œuvres ? — Q'est-ce que des bonnes œuvres ? — Veux-tu prier, te mortifier, jeuner ? — J'ignore même ce que tout cela veut dire, et je ne me sens aucun désir de l'apprendre : car ces mots-là sonnent étrangement à mon oreille. — Eh bien ! attendons que Dieu même te les fasse comprendre. Il y a près d'ici un fleuve rapide qui arrête les voyageurs au passage, et souvent il faut qu'ils attendent bien longtemps ou qu'ils se détournent longuement de leur chemin avant de pouvoir le franchir ; tu es assez grand pour n'y avoir de l'eau que jusqu'à la ceinture, va donc, si tu veux trouver le maître de la croix ; il aime ceux qui rendent service au pélerin et qui assistent le voyageur. Tu prendras sur tes épaules ceux qui voudront passer, et tu les conduiras à l'autre rive.— Je comprends cela, et je puis le faire, dit le géant, et ayant déraciné plusieurs, arbres, il se bâtit une cabane sur le bord de l'eau ; puis, prenant pour bâton un grand arbre desséché, dépouillé de son écorce et de ses branches, il allait et venait à travers le fleuve passant et repassant les voyageurs sur ses épaules.

Or, une nuit qu'il veillait — attendant quelque pélerin égaré, car la nuit était orageuse, il entend une voix d'enfant qui l'appelle d'un nom à lui inconnu, il sort et ne trouve personne : il rentre chez lui tout étonné, on l'appelle encore une fois ;

> Il retourne, personne encore,
> Il rentre chez lui. — Christophore,
> Viens me passer, reprend la voix ;
> Et le géant, pour cette fois,
> Trouve un enfançon sur la rive,
> Plus gracieux que fleur qui vive,
> Blanc comme un lys et si vermeil
> Comme rose en pleurs au soleil.
> Lors courbant son épaule forte,
> Il le fait monter et l'emporte,
> Et sous eux, les flots, dans la nuit
> Firent de l'écume et du bruit,
> Et montant jusqu'à la ceinture
> De sa gigantesque stature.
> Soudain le petit innocent
> Devint si lourd, que, tout puissant
> Qu'était l'homme à la taille grande,
> Il fléchissait comme une paille.
> A grande peine il se tira
> De la rivière et respira
> En posant l'enfant au rivage.
> — Enfant, j'ai peiné davantage
> Pour te porter, dit-il alors,
> Que pour les hommes les plus forts.

Quand sous ton poids je passais l'onde,
Il me semblait porter le monde.
— Tu portais bien plus, dit l'enfant.
Or, des nuages triomphant,
Le soleil en robe dorée,
Montait alors sur l'Empirée ;
L'orage au couchant s'enfuyait
Et le ciel entier s'essuyait
Comme un rayon du soir essuie
La fleur malade après la pluie.

— Je suis celui que tu as cherché et que tu attendais, continue l'enfant : retiens bien mon nom, je me nomme le Christ. Je t'apparais débile et faible comme l'enfance, parce que j'aime à triompher dans la faiblesse, et par cette faiblesse même je courbe la tête des forts. Je t'ai baptisé dans cette onde où tu t'es plongé cette nuit, et désormais tu ne t'appelleras plus Réprobus, car la réprobation est effacée ; tu t'appelleras Christophore, ce qui signifie *porte-Christ*. Plante ici ton bâton, et je te donnerai un signe de ma puissance ; puis va par le monde et fais du bien : nous nous retrouverons un jour.

L'enfant disparaît et Christophore se prosterne sur le rivage, après avoir planté son bâton dans le sable. Tout à coup un nouveau prodige le frappe d'étonnement et d'admiration : le bois sec reverdit, l'arbre mort se couvre d'une écorce nouvelle, des feuilles s'empressent de naître, et au milieu des feuilles s'épanouissent bientôt des fleurs ; les fruits leur succèdent, et d'autres fleurs naissent encore. Christophore est enfin éclairé.

Joyeux il quitte son asile,
Et s'en va prêchant l'Evangile
Qui lors, par grande cruauté,
Etait partout persécuté.

Le saint, qui moult ne s'en soucie,
Vint à Samo dans la Lycie,
Et voulut prêcher le vrai Dieu
Au peuple païen de ce lieu,
Qui ne comprit point sa harangue,
Faute à lui de savoir leur langue.
Pour ce, point ne se rebutait ;
Mais un jour comme il assistait
Au jugement de saints et saintes
Dont on accusait maints et maintes,
A haute voix les exhorta
Dont tant le juge s'emporta,
Qu'il le frappa sur le visage.
Alors le saint d'un grand courage,
Lui dit : Va, je te pourrais bien
Punir, si je n'étais chrétien.
Et découvrant à l'assemblée
Sa face jusqu'alors voilée,
De peur il les fit tous frémir,
Et força le juge à blémir,
Car son visage était terrible.

S. Christophe, devenu apôtre, dissimulait donc autant qu'il le pouvait sa taille gigantesque, et portait un voile sur son visage, comme le Christianisme aux Catacombes : ayant effrayé l'assemblée des idolâtres, rien qu'en leur laissant entrevoir sa puissante physionomie, il put se retirer tranquillement, mais le juge, furieux d'avoir eu peur, envoya aussitôt une troupe de soldats pour le prendre. — Et si je ne voulais pas me laisser prendre, leur dit Christophore, pourriez-vous m'y forcer ? Cette parole fit trembler les /soldats. — Nous allons; reprirent-ils, retourner vers celui qui nous envoie, et nous lui dirons que nous n'avons pu te trouver. — Non, leur dit

Christophore, ne mentez pas, il vaut mieux que je me livre à vous : et leur tendant aussitôt ses mains formidables, il les aida lui-même, en se baissant, à lui attacher ses fers. Les soldats pleurèrent d'admiration, et ayant amené le géant devant le proconsul, ils déclarèrent avec lui qu'ils étaient chrétiens. Le juge leur fit trancher la tête, et fit mettre Christophore en prison ; mais désespérant d'avance de triompher de lui par la force, il voulut essayer de le séduire. Il y avait alors, deux femmes de mauvaise vie, nommées, l'une Aquilina, et l'autre Nicéa, dont tous les païens vantaient la beauté. Le juge les fit habiller magnifiquement et les fit descendre dans le cachot de Christophore, mais lorsque le confesseur leva la tête et les regarda, en leur demandant avec une douceur pleine de gravité ce qu'elles désiraient de lui, elles furent saisies à la fois d'admiration et d'épouvante : la sérénité de son front terrible, la résignation de cet homme si grand et si fort leur bouleversèrent le cœur et leur firent entrevoir les splendeurs de la vie nouvelle; elles tombèrent donc à genoux tout à coup, vaincues et subjuguées, et lui répondirent en tremblant: « Nous voulons te demander le baptême, afin d'être chrétiennes et de souffrir comme toi ».

Le saint accède au désir des deux nouvelles chrétiennes et imprima sur leurs fronts le sceau du baptême ; alors, brûlantes d'un saint zèle, elles retournent vers le proconsul, qui, les voyant joyeuses et triomphantes, croit avoir lui-même triomphé; il ordonne un grand sacrifice, et veut que les deux femmes soient conduites au temple avec pompe pour montrer devant le peuple assemblé la défaite la plus terrible des chrétiens. — Nicéa et Aquilina sont donc couronnées de fleurs; on croyait leur donner la parure des prêtresses, elles savaient que c'était la parure des victimes : elles marchent en souriant au milieu de la foule impie, qui chante des chansons en leur honneur. On arrive au temple, les courtisanes doivent commencer par offrir leurs ceintures aux idoles ; elles détachent en effet leurs ceintures, les passent au cou des simulacres, et les tirant tout à coup avec force, elles renversent les statues, qui se brisent sur les degrès de leurs autels.

> Et les deux chrétiennes de rire,
> Gens de crier, elles de dire :
> Allez chercher les médecins
> Car vos dieux ne sont pas trop sains ;
> Ils ont la tête endommagée !
> Le chef de la foule enragée
> Fit alors pendre Aquilina
> Et jeter au feu Nicéa ;
> Aux pieds l'une avait une pierre,
> L'autre du feu sortit entière.

Le juge lui fit trancher la tête, et fit amener Christophore devant son tribunal, sans essayer de le convaincre par ses discours. Il fit commencer les supplices : un grand casque rougi au feu fut enfoncé sur la tête du martyr, puis on le donna pour but à des archers ; mais les deux premières flèches qui furent tirées contre lui changèrent de direction et vinrent s'enfoncer dans les yeux du juge. Le malheureux alors poussa des cris et implora la pitié de sa victime. — Ton Dieu est le vrai Dieu, dit-il à Christophore ; demande-lui qu'il me pardonnne, rends-moi la vue, et je me ferai chrétien. — Achève d'abord ton ouvrage, dit Christophore ; fais-moi trancher la tête : tu prendras ensuite de mon sang, tu le mettras sur tes blessures, et tu recouvreras la vue. Le juge obéit, le miracle s'accomplit suivant la promesse de Christophore, et le persécuteur se fit chrétien.

Qui ne voit, dans ce géant réprouvé, qui cherche un maître, le genre humain déchu qui cherche un Sauveur ? Il est géant par son orgueil, et n'a cependant pas la science de l'homme ; ce n'est qu'un gigantesque enfant.

Le despotisme de la force le réduit d'abord, il s'attache aux conquérants et aux rois ; mais les conquérants meurent, et les rois craignent le génie du mal, qui peut les renverser et les détruire. L'humanité se lasse des dieux mortels, et s'attache au génie du mal, au génie de la science sans Dieu et de la puissance sans amour, mais une petite croix plantée sur un rocher par un pauvre solitaire confond la science des sages et la puissance des maîtres du monde ; l'homme est subjugué par le charme irrésistible de la croix, et la voix d'un inconnu lui apprend que, pour trouver Dieu, il faut faire du bien aux hommes.

Le fleuve rapide représente la vie, et les œuvres de charité sont représentés par le dévouement de Christophore, qui aidait les pauvres voyageurs à traverser le fleuve.

Mais ce qu'on fait au moindre des enfants de Dieu, on le fait à Jésus-Christ lui-même : le Sauveur ne tarde donc pas à se manifester : il vient sous la figure d'un enfant, symbole d'humilité, de simplicité et de douceur ; et cependant cet enfant est plus fort que toute la force des géants, et sous le poids de son joug si léger l'orgueil humain est forcé de se courber jusqu'à terre. L'arbre desséché sur lequel Christophore s'appuyait, c'est l'arbre des anciennes croyances, qui semblaient n'avoir plus ni vie ni sève ; l'Enfant-Dieu lui fait reprendre racine en terre et lui rend une nouvelle jeunesse ; à ce signe l'homme reconnaît Dieu et devient chrétien.

Alors le symbole de Christophore change de nature : il ne représente plus l'humanité du passé, il représente l'homme de l'avenir ; mais les premiers nés de l'avenir ont toujours été persécutés par les aveugles adorateurs du passé, et S. Christophore devient l'image du Cristianisme à son berceau ; il refuse de faire suage de la force, et, sachant que la violence se détruit elle-même, quand on ne lui résiste pas, il tend volontiers ses mains aux fers et la tête aux bourreaux. Nicéa et Aquilina représentent Nicée et Rome, et sont la figure de toutes les grandes villes idolâtres, chargées de corrompre l'austérité de la nouvelle doctrine par leur luxe et leur mollesse ; elles-mêmes se laissent séduire par la majesté des confesseurs, et en viennen[t] bientôt à renverser elles-mêmes leurs faux dieux ; la douceur du Christianisme convertit les persécuteurs eux-mêmes et ceux qui ne sont pas attendris sont aveuglés ; mais le remède d[e] cet aveuglement est dans le sang même des martyrs ; les pouvoirs injustes et persécuteurs ouvrent les yeux, et, brûlant c[e] qu'ils ont adoré, ils adorent ce qu'ils ont brûlé. *A domino factum est istud, et est mirabilis in oculis nostris.*

Cette légende, extraite de la *Légende dorée*, qui l'a empruntée elle-même à de plus anciens auteurs, est certainement un parfait modèle d'allégorie. Le Christianisme, en amenant l'homme à ne voir dans les choses visibles que l'ombre des biens éternels, avait des tendances naturelles et originaires aux récits animés d'un double intérêt comme la vie humaine.

Nous recevons la lettre suivante :

Asson (Basses-Pyrénées) 12 novembre 1878.

Je suis heureux d'avoir des renseignements sur saint Christophe, qui a une statue dans notre église et de plus une autre statue formant chapiteau, qui date de plus de quatre cents ans.

A cette époque on avait procédé à la reconstruction d'une chapelle élevée sur une hauteur en l'honneur de ce grand saint. A quelle date et pour quel motif cette construction, impossible de le fixer.

Il arrive très-souvent que l'on porte ici des enfants affligés de cristaux, et après avoir fait toucher les habits à la statue, on en revêt les enfants et l'on brûle ceux qu'ils portaient précédemment ; souvent ces enfants sont délivrés de leur infirmité. La même chose a lieu dans d'autres localités du pays.

Dans le *Missel d'Autun*, on lit :

Cristophori, Adriani (le martyr).
Nec non et Sebastiani
Præcipuè laudibus,
Pro epidemiá peste.

C'est-à-dire : Christophe, Adrien et Sébastien reçoivent de grandes louanges pour les secours qu'ils accordent contre la peste.

Ces trois saints, subirent tous trois le martyre au moyen de flèches.

En 1531, on voyait encore la statue de St Christophe, haute de 36 pieds, dans le chœur de la collégiale de St-Pierre-le-Vieux, à Strasbourg, avec cette inscription latine :

Christophori sancti speciem quicumque tuetur.
Illo namque die nullo langore gravetur :
Qui prie S. Cristophe dévotement,
Ne peut jamais mourir subitement.

La paroisse de Vallon (Aveyron) est dédiée à St Christophe. Voici une prière récente à l'usage des fidèles de cette localité :

Glorieux S. Christophe ! vous dont la sainte âme a si vivement désiré de s'attacher sur la terre au service du Christ, fils du Dieu vivant, en repoussant toutes les puissances du monde et de l'enfer : ô saint martyr ! jetez du haut du ciel, sur nous, un regard favorable qui touche et pénètre le cœur de vos enfants, afin qu'après avoir imité, sur la terre votre foi vive pour les mystères de notre sainte religion, votre amour pour la souffrance chrétienne, votre esprit de renoncement et de sacrifice, nous puissions, comme vous, honorer par la sainteté de nos mœurs, le nom de chrétien qui nous fut donné au Baptême, mépriser le monde et ses vanités, braver à la mort la rage du démon et nous éteindre doucement et tranquilles dans les bras de Jésus, de Marie et de Joseph,

S. Christophe du haut des cieux :
Rendez-vous propices à nos vœux !

PRIONS.

Dieu tout puissant qui êtes notre force et notre appui dans les combats de cette vie, soyez touché de nos humbles supplications, et faites que par l'intercession de S. Christophe, notre patron, nous soyons protégés contre toute adversité et que nous parvenions, comme lui, à la glorieuse joie de la céleste patrie. Par Notre Seigneur Jésus-Christ qui vit et règne dans tous les siècles. Ainsi soit-il.

Vu et approuvé :

Rodez, le 7 juillet 1869.

† Louis, évêque de Rodez.

La Statue de S. Christophe d'Arles.

La Gazette des Bouches-du-Rhône a publié l'article suivant :

« Nous avons sous les yeux une brochure très-intéressante,
renfermant un recueil de faits éclatants sur la vie, le culte et
les miracles de saint Christophe, par M. Adrien Peladan, chevalier de saint Sylvestre. C'est avec plaisir que nous avons lu
ce curieux opuscule qui contient d'abord dans les premiers
chapitres la vie de saint Christophe prise dans la Légende
dorée et deux autres légendes de ce saint martyr d'après les
Bollandistes et d'après le pieux américain Longfellow. » Du
quatrième chapitre, Culte de saint Christophe à Paris, nous
citons le passage suivant »

Suivent plusieurs alinéas de notre opuscule ; le journal re-
prend ensuite :

« La lecture de la brochure de M. Adrien Peladan nous a
fait ressouvenir de la statue de saint Christophe qui était
adossée au premier pilier du côté droit de la Primatiale de
Saint-Trophime et que l'on y voyait avant la récente restau-
ration.

» Le savant M. Estrangin dit dans son ouvrage intitulé :
Description de la Ville d'Arles, au sujet de cette statue :
« Une statue colossale de saint Christophe, portant Jésus
enfant, est au premier pilier ; la matière et le travail n'ont
rien de précieux ; elle a été érigée en 1677, aux dépens du cha-
noine Christophe de Pillet, dont elle porte l'écusson ».

» Sans avoir la dimension de la grande statue de saint
Christophe qui était autrefois à Notre-Dame de Paris, de ce
colosse de 28 pieds de haut qui s'adossait, nous dit M. Peladan, comme une tour lui-même, *turris ipse*, contre le gro^s

pilier de la tour de droite, la statue de saint Christophe de la Primatiale d'Arles peut s'élever, en y comprenant la hauteur du piédestal sur lequel elle est posée, ou plutôt qui ne fait qu'une pièce, croyons-nous, avec elle, à quatre mètres environ. Elle égalerait ainsi la hauteur de celle qui se voit à droite du portail dit de saint Christophe de la Cathédrale d'Amiens.

» Comme le dit M. Estrangin, la matière et le travail de cette statue n'ont rien de remarquable. Le travail, par son inachevé, la grossièreté des traits, des contours, et les grands coups de ciseau du sculpteur qui en est l'auteur, ressemblerait assez aux statues du moyen âge avec le cachet de l'époque en moins. Cette statue est, croyons-nous, en pierre de Beaucaire ou de Montmajour. Elle avait été placée, sans doute, à l'entrée de Saint-Trophime et posée sur son piédestal élevé, afin qu'elle fût aperçue de plus loin et par le plus de fidèles possible.

» Nous regrettons que l'architecte qui a dirigé les réparations de notre Primatiale de Saint-Trophime n'ait pu laisser à sa place cette statue de saint Christophe, laquelle se trouve aujourd'hui dans la cour de l'archevêché.

» Nous croyons, comme M. Peladan, que Millin a commis une erreur, assez grave peut-être, quand il a prétendu que toutes les statues de saint Christophe qui se trouvaient autrefois à l'extérieur ou à l'intérieur de nos églises, auraient été détruites à l'époque de la Révolution; mais nous ne pouvons nous empêcher de reconnaître que les révolutionnaires, vandales modernes, qui avaient brisé et mutilé les statues du portail de Saint-Trophime, mutilèrent pareillement la statue de Saint Christophe.

» Le chapitre V de la brochure ayant pour titre saint Christophe, traite de son culte dans nos provinces et parle des corporations qui se mettaient ordinairement sous sa protection, telles que celles des portefaix, des scieurs de long, etc. Si notre mémoire ne nous trompe, la corporation des portefaix qui existait à

Arles, il n'y a pas encore bien longtemps, était sous la protection de saint Christophe dont elle portait l'image sur son drapeau.

» Cet opuscule contient en outre une photographie de saint Cristophe, diverses prières à ce Saint, une iconographie, etc.; nous ne saurions terminer ces lignes sans engager nos amis à se procurer le petit ouvrage de M. Adrien Peladan si intéressant à divers titres.   GENESIUS. »

Article publié par le *Citoyen*, de Marseille :

« La figure de saint Christophe est une figure à part qui n'a pas d'analogue dans le martyrologe.

» L'histoire et la légende, qui se distinguent ordinairement si bien, se confondent dans la plupart des faits de sa vie. L'étude qui se rattache à lui ne ressemble à aucune autre : mais elle est singulièrement féconde, au point de vue du symbolisme.

» Saint Christophe a existé. Plusieurs églises, dans le monde chrétien, lui sont consacrées. Sa fête se célèbre; ses reliques se distribuent. Mais les contours de son histoire flottent dans un brouillard qui n'est pas dissipé.

» Sa mort est plus connue que sa vie. Il fut persécuté sous l'empereur Dèce. Deux courtisanes furent envoyées dans sa prison. Au lieu de devenir leur vaincu, il devint leur vainqueur. Nicelle et Aquiline embrassèrent sa foi et devinrent martyres. Le bâton de saint Christophe, planté en terre, fleurit merveilleusement. Sa parole, plantée dans le cœur de deux courtisanes, fleurit aussi. Les fruits rouges du martyre illustrèrent cette tige ingrate.

» L'histoire des martyrs offre cette particularité : ceux d'entre eux qui furent garantis contre d'autres instruments de supplices, tels que la roue, le feu, la lapidation, mouraient par le glaive. Le glaive était la dernière ressource des bourreaux fatigués. Quand ils ne savaient plus que faire d'un martyr trop résistant, ils lui tranchaient la tête. C'est ainsi que la chose se passa pour saint Christophe. Sa dernière prière retentit dans tout le moyen âge. Il recommanda à la miséricorde divine tous ceux qui se recommanderaient à lui, et demanda que son nom ne fût pas invoqué en vain.

» Je ne vais pas essayer entre la légende et l'histoire de saint Christophe un travail impossible de séparation. Je vais chercher le sens philosophique des faits contenus, à propos de lui, dans un livre fort rare désormais : *La Légende dorée.*

» Ce livre, *qui n'a pas d'autorité historique,* (c'est un peu trop dire), contient mille indications intéressantes sur plusieurs personnes et plusieurs choses mystérieuses.

» Quel est, d'après la tradition, le caractère, le signe, *la dominante* de saint Christophe ?

» C'est la force.

» Sa conversion fut fondée sur le désir de la force, et sa sainteté sur la possession de la force.

» On dit qu'il était Chananéen et qu'il s'appelait d'abord *Reprobus !* le Réprouvé. Or, cet homme qui se croyait réprouvé n'accepta pas la réprobation, et se mit à la recherche de la force. Il cherchait peut-être une puissance supérieure à tout et lui demandait la délivrance, dont le poids de l'anathème lui faisait sentir la nécessité. Historiquement, je n'affirme rien : Philosophiquement, je trouve cela très-beau (c'est beaucoup de réserve). »

Ici est reproduite la légende telle que nous la connaissons. Après ce récit, l'écrivain ajoute :

» Que de choses dans cette légende ! Saint Christophe déclare qu'il n'est pas apte à ce qu'on lui demande d'abord. Il espère que sa vocation aura la bonté d'avoir égard à sa nature. Il ne veut que la force : Il passera les hommes d'une rive à l'autre ;

✶✶

parmi les passagers se trouvera Jésus-Christ. Passer Jésus-Christ, qu'est-ce que cela veut dire ? On entrevoit bien des choses, surtout si l'on se souvient que Christophe Colomb s'appelait Christophe : il passa Jésus-Christ d'une rive à l'autre et risqua mille fois de mourir sous le fardeau.

» Christophe est un mot terrible. Etre porte-Christ, c'est porter en soi le mystère lui-même, tous les mystères en un mystère, et particulièrement le mystère vivant de l'histoire. Quand les autres passagers l'appelaient, Christophe les voyait ; mais quand ce fut l'enfant très-lourd, il chercha plusieurs fois d'où la voix venait.   Ernest HELLO. »

La *Revue de l'Art chrétien*, livraison d'octobre 1864, commence sa chronique par la page suivante :

« Un de nos collègues de l'Académie de Châlons-sur-Marne, M. l'abbé A. Aubert, curé de Juvigny, nous adresse la communication suivante : « A propos de la statuette de saint Christophe, dont parle la *Revue de l'art chrétien* du mois de septembre, je crois devoir vous signaler la statue colossale du Saint qui est conservée dans l'église Saint-Loup, de Châlons-sur-Marne. Cette statue, qui fait l'admiration de tous les archéologues, est en bois peint, et, sauf quelques modifications, semblable à la gravure sur bois de 1423, conservée au cabinet de estampes de la Bibliothèque nationale. Saint Christophe a des proportions colossales ; ses pieds sont engagés dans les eaux du torrent. Il rassemble ses forces, et pour les doubler, ses mains s'appuient sur l'arbre qu'il vient de déraciner. Toutefois, cet arbre est entièrement dépourvu de feuillage, de sève et de vie, comme celui de votre dessin de la page 474. Sur l'épaule de saint Christophe repose l'Enfant-Dieu, qui tient dans sa main la boule du monde, surmontée d'une croix. A la droite du Saint, sur le haut de la montagne, au bord de laquelle se précipite le torrent furieux, apparaît l'ermitage. A sa gauche, la chaumière de Christophe. On se demande, en voyant votre statue, comment le sculpteur, contrairement à la légende, a pu commettre un anachronisme de dix siècles, en attachant un chapelet à la ceinture de saint Christophe. Vous pouvez, Monsieur et cher Directeur, voir la gravure de la statue de l'église Saint-Loup, de Châlons, dans les volumes du *Congrés archéologique de France,* publié en 1856 par la Société française d'archéologie ; elle me paraît digne d'être mentionnée près de celle dont M. Arnaud Schaepkens nous a donné une intéressante description dans votre savante *Revue.* »

Saint Christophe vengé des maussaderies du R. P. Cahier.

Le R. P. Cahier a publié en 1868 un livre sous ce titre : *Les caractéristiques des Saints dans l'art populaire.* L'auteur brille dans cet ouvrage par l'étendue de ses connaissances, la pureté de ses doctrines et cette faculté puissante qui lui a permis de poursuivre son but sans dévier et d'embrasser et de traiter à fond un vaste et beau sujet. Mais il n'est pas moins vrai que le R. P. a tout à fait renoncé au droit de succession en ce qui concerne le goût artistique, la forme littéraire, attrayante et persuasive, la bonhomie et l'aménité.

C'est M. Claudius Lavergne qui, dans un examen du livre ci-dessus nommé, s'exprime de la sorte. Le critique met en relief la science iconographique de l'archéologue ; mais il justifie aussi ses réserves. Il montre le R. P. Cahier, par exemple, excellant dans son exposition des oiseaux du Ciel, renouant avec les Saints les relations intimes du Paradis terrestre. Ce sont des peintures pleines de charme. Mais, à propos de ce que nous appellerons les maussaderies du docte religieux, il le convainc, dans ce manque de précision et de délicatesse, de répandre quelquefois sur les discussions auxquelles il se livre plus d'obscurité que de lumière. C'est à propos de notre grand martyr *Porte-Christ* qu'il lui rappelle la manière des anciens et profonds auteurs, la foi et la poésie qui les animait. Nous laissons parler M. Claudius Lavergne :

» Dans ces circonstances, ce ne sont pas seulement les adversaires qui sont déprimés, les légendes et les saints eux-mêmes reçoivent quelquefois des éclaboussures. Saint Christophe, par exemple, malgré ses larges épaules, ne sort que passablement meurtri des discussions relatives à son identité, et tout en n'intervenant cette fois que pour disculper les artistes du moyen âge, et pour proposer aux opinions divergentes des savants « des bases de pacification », le R. P. Cahier efface lui-même la légende et donne au personnage des caractéristiques par trop grotesques. (Voir au mot *Géant*, page 446 et suivantes.)

» Que des artistes inhabiles aient transformé le héros chrétien en *ogre*, en « portefaix passeur de rivière, lourdaud pour l'esprit, hideux pour le visage », et qu'ils aient trouvé bon de « donner à un néophyte si épais » un directeur, « un moine muni d'une lanterne pour le conduire et le guider dans son office », c'est là, à notre avis, un argument bien moins conciliant que discutable. Que, d'autre part, la critique savante ne voie dans ces représentations grossières qu'une personnalité apocryphe, c'est un malheur assurément; mais, outre que la science historique est ordinairement plus prompte à douter qu'à affirmer, et que l'étude microscopique appliquée aux œuvres du moyen âge en général et aux géants en particulier, ne peut que mettre en saillie leurs difformités, indépendamment, disons-nous, de toutes ces disputes d'archéologues, il y

a une autorité qui domine tout : c'est la consécration traditionnelle, religieuse et populaire des images du saint, consécration dont l'autorité est incontestable et en vaut bien une
autre. Au travers de son obscurité historique, l'image et la
légende de saint Christophe constituent l'affirmation la plus
authentique de la foi, du bon sens et de la dignité populaire.
Saint Christophe n'est pas si épais qu'il ne s'aperçoive que les
plus grands monarques ne sont pour la plupart que de pauvres
sires, et que le démon, qui trop souvent les gouverne, n'est
lui-même qu'un vilain, un méchant pleutre tremblant devant
la croix. Aussi refuse-t-il de porter leur joug, et en cela il se
montre déjà bon chrétien et logicien parfait.

» Il comprend cependant qu'il est fait pour agir, pour connaître, aimer et servir, et en attendant qu'il trouve le maître
qu'il cherche, son instinct le porte à se vouer à de généreux
offices. Il se place volontiers en face du péril, se relève, va et
vient à travers les eaux du torrent portant sur ses robustes
épaules le fardeau du prochain. Et le jour où il s'est abaissé
plus encore qu'à l'ordinaire et s'est mis au niveau d'un petit
enfant qui réclamait son assistance, le géant fléchit ; mais en
même temps il reconnaît la pression divine, et se relève aussitôt plus fort, plus agile et plus grand que jamais.

» En nous le dépeignant dans sa belle attitude, la légende
chrétienne ne prétend pas nous montrer un Adonis, pas plus
qu'elle n'autorise les images grossières qui ont pu donner à
saint Christophe les allures d'un portefaix.

» Quant aux savants scrupuleux qui ne veulent voir en lui
qu'une personnification symbolique, parce que son nom signifie Porte-Christ, nous pouvons leur répondre que Dunois,
Condé et Corneille n'ont jamais existé, et que saint Pierre lui-
même n'est qu'un mythe, attendu que leurs noms ont un sens
géographique, ornithologique et géologique. Pour ces doc

teurs, saint Christophe n'est tout au plus que le pendant du Juif-Errant. C'est déjà quelque chose. Mais en jetant un regard sur les monuments dont le caractère historique et l'origine remontent aux premiers siècles du christianisme, il nous a semblé qu'à défaut de reliques authentiques et d'un état civil régulier, l'existence de saint Christophe est suffisamment constatée par le culte et les témoignages constants des pieuses traditions.

» Nous le voulons tel que la tradition nous l'a légué, et sans que le sens allégorique de son nom nous gêne, nous nous plaisons à reconnaître en lui le porte-bannière, le chef de file de la légion des *porte-christ* qui tiennent ferme contre les eaux du torrent et le relaient de génération en génération ».

Reliques de Saint-Christophe en Belgique.

L'abbaye de la Trappe de Saint-Sixte, en Belgique, possède une portion des reliques de saint Christophe, dont le culte est vivant dans le monastère. Ces reliques, nous a-t-on écrit de cette maison de prière, existaient de temps immémorial dans l'abbaye de Wevelghem, où d'après les titres possédés par l'abbaye de Saint-Sixte, elles furent honorées par le peuple et exposées annuellement à la vénération des fidèles.

En 1642, un vicaire général de Tournai, par ordre spécial de son évêque, avait autorisé par écrit que ces reliques fussent exposées publiquement comme auparavant à la vénération publique. Cet écrit porte le sceau de l'évêque.

Elles ont obtenu, en 1744, de François Ernest, évêque de Tournai, la même approbation.

Elles ont été données avec leurs authentiques par la dernière religieuse de l'abbaye de Wevelghem à l'abbaye de la

Trappe de Saint-Sixte, canton de Poperinghe, arrondissement d'Ypres, province de la Flandre occidentale.

L'abbaye possède l'os entier d'une jambe.

Eglise paroissiale de Tourcoing (Nord), etc.

Parmi les églises dédiées à saint Christophe, est la principale paroisse de Tourcoing (Nord). Ce vaste édifice, richement décoré, possède des vitraux où est représentée la vie du grand martyr. Le visiteur est impressionné par ces peintures qui rappellent les anciennes verrières de nos basiliques. A l'entrée du lieu saint a été placée la statue colossale du patron de la cité; elle produit un effet considérable. On se croirait là en plein moyen âge.

Nous avons admiré à Villefranche (Rhône), parmi les beaux vitraux anciens que le temps et les révolutions ont respectés, une représentation de saint Christophe d'une facture toute magistrale; on y reconnaît la touche vigoureuse des âges de foi.

Les Arènes de Nimes renfermaient, avant d'être déblayées, il y a moins d'un siècle, plusieurs chapelles. La plus remarquable subsiste encore, celle de Saint-Martin, dans une des arches fermées de la galerie supérieure. Il a été extrait de cette chapelle un bas-relief, que l'on a transporté au musée archéologique de la ville et représentant saint Cristophe, portant comme toujours l'Enfant-Dieu.

Théophile Gauthier a célébré dans la poésie ci-après une statue de saint Christophe qui l'avait impressionné en Espagne.

Saint Christophe d'Ecija.

J'ai vu dans Ecija, vieille ville moresque,
Aux clochers de faïence, aux palais peints à fresque,
Sous les rayons de plomb du soleil étouffant,
Un colosse doré qui portait un enfant.
Un pilier de granit, d'ordre salomonique,
Servait de piédestal au vieillard athlétique ;
Sa colossale main sur un tronc de palmier
S'appuyait largement et le faisait plier ;
Et tous ses nerfs roidis par un effort étrange,
Comme ceux de Jacob dans sa lutte avec l'ange,
Semblaient suffire à peine à soutenir le poids
De ce petit enfant qui tenait une croix !
— Quoi ! géant aux bras forts, à la poitrine large,
Tu te courbes vaincu par cette faible charge,
Et ta dorure, où tremble une fauve lueur,
Semble fondre et couler sur ton corps en sueur !
— Ne sois pas étonné si mes genoux chancellent,
Si mes nerfs sont roidis, si mes tempes ruissellent ;
Certes, je suis de bronze et taillé de façon
A passer les vigueurs d'Hercule et de Samson !
Mon poignet vaut celui du vieux Crotoniate,
Il n'est pas de taureaux que d'un coup je n'abatte,
Et je fends les lions avec mes doigts nerveux ;
Car nulle Dalila n'a touché mes cheveux.
Je pourrais, comme Atlas, poser sur mes épaules
La corniche du ciel et les essieux des pôles ;
Mais je ne puis porter cet enfant de six mois
Avec son globe bleu surmonté d'une croix ;

Car c'est le fruit divin de la vierge féconde,
L'enfant prédestiné, le Rédempteur du monde ;
C'est l'Esprit triomphant, le Verbe souverain :
Un tel poids fait plier même un géant d'airain.

Ecija, 1841.

Théophile Gautier, *Poésies complètes*, pages 157 et 158, tome II.

Christophe Colomb avait la plus grande dévotion pour son patron glorieux. Il signait volontiers au moyen de cette lettre X., c'est-à-dire Porte-Christ ou Christophore. Il avait voué le génie qui lui fit découvrir le Nouveau-Monde à cette religion qui a la Croix pour symbole, et son désir le plus ardent était de porter la foi sur un autre hémisphère et de l'y voir fleurir. Il y a, sous ce rapport, quelques pages touchantes à écrire, après des recherches spéciales.

Voltaire raillait un jour Dalembert, croyons-nous, à propos du Saint-Christophe de Notre-Dame de Paris. Ce dernier déconcerta le patriarche de Ferney, en lui disant qu'il tremblerait s'il voyait le colosse avancer vers lui. Cette anecdote est rapportée par Saint-Simon.

EPILOGUE.

Nous empruntons à un esprit qui interrogea les secrets du savoir, l'apostrophe ci-après. Le Christ parle ici à un philosophe découragé qui avait étudié toutes les sciences, médité tous les systèmes, et qui en était venu à douter de tout :

« Tu as donc perdu à de vains efforts la vigueur de ta pensée, et toi qui voulais tout savoir, tu n'as pas même appris à vivre. Apprends à aimer et à faire du bien, voilà la vraie science de la vie,

» Souviens-toi de la légende de Christophore. C'était un géant terrible, mais comme il ignorait l'usage de sa force, il était faible comme un enfant.

» Il lui fallait donc un tuteur et il se mit au service d'un roi, mais le roi fut malade et Christophore le quitta.

» Il chercha celui qui peut faire souffrir les rois, et comme il ne connaissait pas Dieu, il s'attacha d'abord au génie du mal. Cependant un jour une croix apparut sur un rocher, et le génie du mal tomba comme frappé de la foudre.

» Christophore chercha alors celui dont la croix est le signe, et un vieillard lui dit qu'il le trouverait en faisant du bien.

» Christophore ne savait ni prier ni travailler, mais il était fort et de grande taille, et il se mit à porter sur ses épaules, les voyageurs égarés qui voulaient traverser le torrent.

» Or, un soir, il porta un petit enfant sous lequel il s'inclina comme s'il eût porté le monde, car dans la personne du pauvre orphelin égaré, il avait reconnu le grand Dieu qu'il attendait.

» As-tu compris cette parabole ?

— Oui Seigneur, dit le philosophe devenu chrétien.

— Hé bien ! vas, et fais comme Christophore ; porte le Christ lorsqu'il tombe de fatigue, ou lorsque les torrents du monde s'opposent à son passage. Le Christ pour toi sera l'humanité souffrante. Sois l'œil de l'aveugle, le bras du faible et le bâton du vieillard, et Dieu te dira le grand pourquoi de la vie humaine.

— Je le ferai, Seigneur, et désormais je sens que je ne serai plus seul au monde ».

COROLLAIRE.

Les quatorze Saints auxiliateurs ou apotropéens.

Au moyen âge, on appelait *apotropéens* les quatorze saint protecteurs que le peuple invoquait dans les misères spirituelles et temporelles. Ce sont les suivants, par ordre alphabétique ; on remarquera qu'il n'y a que trois saintes : S[tes] Barbe Catherine et Marguerite.

S. Achate, Ste Barbe, S. Blaise, Ste Catherine, S. Christophe, S. Cyriaque, S. Denis, S. Erasme, S. Eustache, S. Georges, S. Gilles, Ste Marguerite, S. Pantaléon et S. Vite ou Guy.

On trouve dans de vieux missels une messe spéciale pour obtenir la protection des quatorze saints auxiliateurs. Ils sont tous figurés dans une belle gravure qui se vend actuellement à Cologne et qui est très-peu connue en France, où quelques savants à peine pourraient donner la liste précédente.

Il est hors de doute que le catalogue des quatorze apotropéens a été fait antérieurement au xive siècle ; car on n'y voit pas figurer saint Roch, le préservateur le plus privilégié contre la peste et les épidémies, et on n'aurait pas manqué d'y placer ce nom éminemment populaire, si l'on avait formé une liste semblable à partir de la date du Concile de Constance, à l'occasion duquel le culte de saint Roch commença à briller du plus vif éclat.

Si un breton pieux vous rencontre un livre à la main, sa première demande est celle-ci : « De quel saint lisez-vous la vie ? » Pour le paysan armoricain, celui qui sait lire ne doit employer cet avantage qu'à se bien penétrer de la conduite des amis de Dieu. Sa seconde question est celle-là : « A quoi est-il bon ? »

Donnons quelques indications sur les motifs particuliers pour lesquels on invoquait quelques-uns des saints auxiliateurs.

Sainte Barbe, vierge et martyre. On l'invoque contre la foudre, la mort subite et l'impénitence finale. Tout le monde sait que dans les navires le dépôt de poudre est appelé la *sainte barbe*. C'est la patronne des mathématiciens, architectes, armuriers, artificiers, artilleurs, brasseurs, chapeliers, charpentiers, couvreurs, fondeurs, maçons, mineurs, paussiers, salpêtriers. C'est la patronne des villes de Culembourg, de Pédéna (en Istrie) et de Mantoue (Italie).

Saint Blaise de Sébaste, évêque et martyr, est le patron des tisseurs de laine et des cardeurs, des ouvriers de bâtiment ; à Paris, des tailleurs de pierre. On l'invoque contre la toux, la coqueluche, le goître, les maux de gorge, les bêtes farouches et aussi pour les pourceaux.

Saint Christophe préserve contre la mort subite, les tremblements de terre, les tempêtes, les faux témoins, etc.

Saint Erasme, évêque et martyr en Campanie, est patron des navigateurs. On l'invoque contre les tempêtes, les coliques, les douleurs de l'enfantement et les maux d'entrailles des enfants. Dans son *Eloge de la Folie*, le fameux Didier Erasme remarque que ce Saint était honoré particulièrement par ceux qui voulaient obtenir une grande fortune.

On lisait jadis les actes de sainte Marguerite, vierge et martyre, pendant l'accouchement, parce qu'on considérait cette Sainte comme obtenant aux femmes en travail d'enfant une prompte et heureuse délivrance.

Saint Pantaléon était médecin. Il est patron des médecins. On l'invoque contre la consomption. Sa fête se célèbre le 27 juillet.

Saint Vit ou Guy, martyr. On l'invoque pour les chiens et contre la rage et le sommeil prolongé, mais surtout contre la chorée ou danse de Saint-Guy, ainsi nommée du Saint qui avait le privilège de guérir cette névrose.

On pourrait composer une liste fort curieuse des Saints qu'on invoquait contre certaines maladies et qu'on honorait comme patrons des divers âges, états, professions, ou comme patrons de certaines villes ou contrées.

Saint Jubin, archevêque de Lyon, était invoqué dans cette ville contre la goutte, de même qu'à Arles, saint Trophime était renommé contre la même maladie. Même de nos jours, à Saint-Trophime, dans la chapelle particulière du saint patron de l'église, on voit dans un cadre et sous verre une prière particulière à saint Trophime pour être préservés de la goutte.

Disons maintenant quelques mots sur les apotropéens qui figurent dans l'histoire de l'église d'Arles.

La rue Saint-Blaise rappelle le souvenir de l'église Saint-Blaise (ou Saint-Césaire), qui fut construite en 1005. Voyez sur cette église les judicieuses pages écrites par M. Honoré Clair et dont nous détachons un intéressant alinéa (p. 132) : « C'est à sa position, sur un des points culminants de la cité, qu'il faut attribuer l'opinion qui a fait de Saint-Blaise un temple jadis consacré à l'adoration des dieux olympiens. Mais cette tradition, quoique fautive, ne doit pas être entièrement dédaignée. Trop de souvenirs populaires, fidèlement transmis de génération en génération, désignent le plateau du Grand-Couvent comme l'emplacement de plusieurs temples païens, pour qu'il n'y ait pas quelque vérité cachée sous l'universalité de ces croyances. La grande quantité de marbre, dont les débris couvrent le voisinage, appuie ces traditions, et je crois que c'est une raison de plus pour insister sur l'opportunité d'une fouille à diriger dans ce sol encore intact. »

Vers la partie sud-est des Arènes, à l'endroit qui fait face à l'église de la Major, existait, jadis, une vieille chapelle érigée sous le vocable de sainte Catherine. Après sa destruction, une petite rue partant de la place de la Major et venant aboutir vers l'entrée de cette chapelle avait été chargée d'en conserver le pieux souvenir. Avant d'avoir reçu ce nom, cette rue s'appelait *rue de la Pucelle*, parce qu'il s'y trouvait une auberge devant laquelle pendait une image de *Jeanne d'Arc*. Cette rue elle-même n'existe plus, ayant été englobée dans la place de la Major, dont elle a formé la partie méridionale, depuis les travaux d'agrandissement et les déblais que la ville a fait exécuter en 1851 et le rasement complet de l'île 38.

L'église de sainte Catherine avait un prieur en 1375 (*Annales de Véran*, 1375). Elle était en fort grande vénération parmi les habitants des Arènes. Une nombreuse congrégation de filles, jeunes et vieilles indistinctement, était en possession de cette chapelle pour ses exercices de piété ; mais elle était chargée de l'entretien du luminaire et du soin de l'autel. Au-dessus de l'autel était une statue de la sainte qui était toujours richement vêtue. Cette statue figurait dans le solennel défilé des processions, et ce jour-là on la mettait en costume de mariée. Cette coutume n'a rien de bizarre et il est facile d'en expliquer le secret en consultant le symbolisme : le but de la sainteté est d'arriver à unir l'âme humaine à Dieu par une sorte d'union mystique dont le mariage est la figure sensible. Toutes les saintes âmes sont donc considérées comme des épouses du Christ. Les martyrologes ont beaucoup d'expressions intraduisibles dans nos langues modernes pour indiquer l'anniversaire du martyre ou de la mort comme étant le jour où tel saint ou sainte *épousa* Jésus-Christ. En outre, d'après la légende, dans une vision restée célèbre, Sainte Catherine de Sienne vit la Sainte Vierge lui présentant l'Enfant Jésus, et le divin *bambino*, comme disent les romains, prit sainte Catherine pour épouse et lui passa au doigt un anneau d'alliance. Cette scène poétique a été peinte des milliers de fois, et l'on voit à Saint-Trophime un tableau représentant une autre vision de la même sainte. Ce n'était donc pas parce que la toilette d'une mariée est plus belle qu'aucune autre que les congréganistes avaient adopté l'usage dont nous parlons, mais bien pour proclamer que leur sainte patronne avait fait choix de l'époux céleste. En outre, on confondait Sainte Catherine de Sienne avec Sainte Catherine d'Alexandrie, et tous les peintres accréditaient cette erreur en figurant la *roue dentée* auprès de la sainte, dans la scène si souvent reproduite sous le nom de *mariage mystique de sainte Catherine*. Or, dans le costume de mariée de la sainte, la coiffure était naturellement la plus délicate et la plus soignée ; aussi, ce n'était pas à des mains novices qu'on confiait le soin de coiffer la sainte ; cette honorable fonction était réservée à la prieure de la congrégation. C'est ainsi que Sainte Catherine, qui est la patronne des filles de tout âge qui observent le célibat, en vivant dans le monde, a fini par devenir aux yeux de la foule la patronne des vieilles filles. Laissons parler ici la verve spirituelle et finement malicieuse de M. Emile Fassin : « De tout temps, dans les congrégations de filles, la prieure, qui veille sur ses compagnes et emprunte à ses fonctions le caractère et parfois, le nom de *mère*, fut une femme d'expérience et d'un âge mur ; la bonne règle le veut ainsi. Lors donc qu'on obtenait l'honneur de coiffer Sainte Catherine, on avait depuis longtemps laissé derrière soi les rêves brûlants de l'adolescence, on avait abordé les régions sereines où les passions sommeillent ou ne s'éveillent plus que pour Dieu ; en d'autres termes ou pour mieux parler la langue des *arénoises*, on avait passé le temps de se marier. De là nous vint le proverbe : *Coiffer Sainte Catherine* ; c'était, au figuré, se vouer au célibat..... ou bien y être condamnée.

« Combien, hélas ! méritèrent peu cette condamnation ! » (Voyez *Musée*, 1, 86, 125).

Saint Denis l'aréopagyte, premier évêque d'Athènes et de Paris, et qui fut même quelque temps sur le siège d'Arles, a laissé des traditions fort curieuses sur le Mouleyrès et d'autres points. Au moyen âge, on l'invoquait contre les maux de tête·

Saint Georges était invoqué par les militaires comme patron des gens de guerre. La naïve piété de nos pères les portait à orner richement jusqu'au cheval du Saint, et beaucoup de pieux soldats se recommandaient à lui pour revenir sains et saufs de la guerre. Il y avait jadis à Arles une église paroissiale dédiée à saint Georges. L'édifice fut démoli le 22 octobre 1647 (Véran, *Op. Citat.*, 1647).

Tous ceux qui ont quelque connaissance des annales de l'église d'Arles savent quels nombreux rapports a eus cette métropole avec l'abbaye et la ville élevées autour du tombeau du grand saint Gilles. Le prieuré de Saint-Sixte, près Beaucaire, relevait de l'abbaye de Saint-Gilles. Le solitaire de la vallée flavienne est encore populaire dans le Gard et les Bouches-du-Rhône.

Nous terminons ici ces notes sur les saints apotropéens. Les archéologues nous sauront gré d'avoir réveillé l'attention sur des saints si populaires au moyen âge. Quant aux mots *apotropée* et *apotropéen, apotropéenne*, ils viennent du grec *apo*, de, et *trepein*, tourner, et signifient *qui détourne*. Dans la mythologie grecque, on appelait *apotropéens* certains dieux protecteurs tels que les *Averrunci* des Latins. Ce mot s'appliquait également aux sacrifices et aux victimes qu'on offrait aux dieux pour détourner leur courroux. Enfin, chez les Grecs, on appelait *apotropée* (subtantif féminin) une brebis qu'on immolait en chantant des vers ou des hymnes à certaines divinités qu'on invoquait, quand on redoutait un accident fâcheux, un malheur.

Mon cher lecteur, même sans faire d'allusion politique, ne trouvez-vous pas que la France aurait besoin plus que jamais, pour sauver sa foi et son patriotisme, de puissants *apotropéens ?*

FIN.

TABLE

Nimes. — Clavel-Ballivet et Ce, rue Pradier, 12

www.ingramcontent.com/pod-product-compliance
Lightning Source LLC
Chambersburg PA
CBHW071335030726
47594CB00002B/667